beck'sche reihe

Unaufhörlich erhebt Schopenhauer seine Stimme, um das männliche Geschlecht vor lockenden Fallen, verhängnisvollen Fährnissen und nervtötenden Verwicklungen zu warnen, die unweigerlich entstehen, wenn ein Mann auf Frauen trifft. Seine Überlegungen ergeben einen Leitfaden, wie man als Mann mit dem schönen Geschlecht füglich umgehen solle. Für Schopenhauer selbst haben diese Überlegungen in erster Linie den Zweck, der weiblichen Launenhaftigkeit wirksam Paroli zu bieten. Für uns heutige Leserinnen und Leser hingegen sind sie eine vergnügliche Lektüre.

Franco Volpi (1952 – 2009) war Professor für Philosophie an der Universität Padua. Er betreute für den Mailänder Verlag Adelphi die italienische Ausgabe des Nachlasses Schopenhauers und der Werke Heideggers.

Bei C.H.Beck hat er folgende Werke Schopenhauers herausgegeben: *Die Kunst, glücklich zu sein* (^{4}2009); *Die Kunst zu beleidigen* (^{3}2008); *Die Kunst, sich selbst zu erkennen* (2006); *Die Kunst, alt zu werden* (2009, aufgrund der Transkription von Ernst Ziegler) und *Senilia. Gedanken im Alter* (2010, zusammen mit Ernst Ziegler).

Arthur Schopenhauer

Die Kunst, mit Frauen umzugehen

Herausgegeben
von
Franco Volpi

Verlag C. H. Beck

1. Auflage. 2003
2. Auflage. 2006

Originalausgabe

3. Auflage. 2010

Gesamtherstellung: Druckerei C. H. Beck, Nördlingen
Umschlagentwurf: malsyteufel, Willich
Umschlagabbildung: Dieter O. Klama.
Aus: 200 Jahre Geistes Gegenwart.
Klamas Galerie des Milenniums.
Verlag Schnell & Steiner, Regensburg.
Reproduktion mit freundlicher Genehmigung.
Printed in Germany
ISBN 978 3 406 61347 0

www.beck.de

Inhalt

Einleitung

«Wenn die Welt aus einer Laune Gottes heraus entstanden ist, dann ist die Frau das Wesen, mit dem der allmächtige Schöpfer am deutlichsten die unvorhersehbare Seite seiner unergründlichen Natur zeigen wollte.» Schon dieses Bonmot, das von den festverwurzelten Überzeugungen des männlichen Geistes nicht weit entfernt sein dürfte, sollte alle, Männer wie Frauen, vom Nutzen des vorliegenden Handbüchleins überzeugen. Das Thema ist zwar heikel, aber man kann ihm nicht ausweichen.

Was können uns Philosophen – schon aus Gründen der Definition Hüter der Weisheit, aber Bankrotteure in der Liebe – über den Umgang mit Frauen lehren? Was raten sie, um deren berüchtigte Flatterhaftigkeit unter Kontrolle und dieses unergründliche Objekt unserer Begierde im Zaum zu halten? Welche Strategie empfehlen sie, um dem schönen Geschlecht die Grillen auszutreiben?

Seit der Antike sind die Beziehungen zwischen Philosophen und Frauen einigermaßen zerrüttet. Betrachtet man die Geschichte der Philosophie aus dieser Perspektive, könnte man den Eindruck gewinnen, die Philosophie sei immer vorwiegend eine Angelegenheit der Männer gewesen.

Bei genauerer Betrachtung fehlen allerdings bereits in der Antike keineswegs Philosophinnen. Im ersten Jahrhundert v. Chr. fand der Stoiker Apollonius genügend Material, um eine Geschichte des weiblichen Denkens verfassen zu können, und Philokoros schrieb ein ganzes Buch über die pythagoräischen Philosophinnen, von denen es in der Tat schon eine regelrechte Schar gab. Aber besonders dankbar müssen wir Gilles Ménage sein, Schriftsteller und gelehrter Gast im Literatursalon Rambouillets, sehr bewundert von Madame La Fayette und Madame de Sévigné, aber der Nachwelt hauptsächlich durch die Karikatur bekannt, die Molière mit der Gestalt des Vadius in seinem Stück *Die gelehrten Frauen* von ihm gezeichnet hat. Ménage, der die Jahrhunderte geduldig durchforstet hatte, verfaßte 1690 eine *Historia mulierum philosopharum,* die sich noch heute mit Gewinn lesen läßt.

Freilich bleibt die Frage: Wie kommt es, daß von all diesen anmutigen Philosophinnen, die dort genannt wer-

den, nicht ein einziger Gedanke überlebt hat, nicht ein Fragment sich der Furie des Verschwindens entziehen konnte? Ist das Zufall, oder müssen wir mit Hegel denken, daß hier die Weltgeschichte auch ihr Weltgericht abgehalten hat? Mit anderen Worten: Kann es sein, daß diese Gedanken es vielleicht nicht wirklich verdienten, bewahrt zu werden?
Wie auch immer das Ergebnis zu bewerten ist, die Tradition der westlichen Philosophiegeschichte, ungeachtet ihrer unterschiedlichen Positionen, Ansätze und Schulen, hat mächtig zu diesem Vergessen beigetragen. Sie zeigt in dem Vorhaben, Frauen prinzipiell oder faktisch fernzuhalten und sie von einer aktiven Rolle in der Philosophie auszuschließen, eine erstaunliche Geschlossenheit. Wäre die Parallele nicht Anlaß zu Heiterkeit und wäre nicht längst jemand auf die Idee gekommen, könnten wir die These wagen: Wenn Heidegger behauptet hat, die westliche Philosophie sei von «Seinsvergessenheit» gekennzeichnet, so wäre ebensogut anzunehmen, daß sie von einem sehr viel unerhörteren Vergessen geprägt ist, nämlich von «Frauenvergessenheit».

Von Thales, der von einer thrakischen Magd ausgelacht wurde, bis zu Wittgenstein, der sich in die Wirrnisse mit Marguerite begab, haben die Philosophen sowohl in der Theorie als auch in der Praxis systematisch zu diesem Scherbengericht beigetragen. Ein wenn auch indirekter Beleg für diese gestörte Beziehung ist beispielsweise die Tatsache, daß von den ältesten Philosophen, den Vorsokratikern, keiner geheiratet hat. Der erste, der diesen Schritt wagte, war Sokrates, der Xanthippe heiratete. Die Folgen sind bekannt.

Sogar Platon, der sich Sokrates für jede andere philosophische Frage zum Vorbild nahm, hütete sich in diesem Punkt davor, seinem Beispiel zu folgen. Und in der *Politeia* fordert er zwar gleiche Rechte für die Frauen und läßt sie überdies zum Philosophiestudium zu: In Wirklichkeit skizziert er in diesem Werk nur eine Utopie. Im *Timaios* hingegen nimmt er im Zusammenhang seiner Lehre der Seelenwanderung an, die Seelen seien ursprünglich männlich. Jene, die unwürdig lebten, seien zu einer Reinkarnation in einem weiblichen Körper bestimmt und wanderten, wenn sie sich nochmals falsch verhielten, in den Körper eines Tieres.

Ein anderer Schüler des Sokrates, der Zyniker Antisthenes, behauptete, die Liebe sei eine Sünde der Natur, und wenn Aphrodite ihm vor den Bogen gekommen wäre, hätte er sie mit einem Pfeil erledigt (apud Clemens von Alexandrien, *Stromata,* II, 20, 107, 2). Um letztlich allen Problemen zu entgehen, riet sein Schüler Diogenes von Sinope dazu, Selbstliebe zu praktizieren (Diogenes Laertios, *Vitae philosophorum,* VI, 2).

Um einen großen Philosophen zu finden, der zu einer normalen Ehe fähig war, muß man auf Aristoteles warten, der tatsächlich das kontemplative mit dem ehelichen

Leben zu verbinden wußte. Er heiratete Pythia und hatte mit ihr eine Tochter. Und nicht nur das: Nachdem er Witwer geworden war, nahm er eine weitere Frau, Herpyllis, zu sich ins Haus, die ihm einen Sohn, Nikomachos, gebar. Angesichts der Innigkeit, mit der er in seinem Testament an beide Frauen erinnert, ist anzunehmen, daß beide Verbindungen glücklich waren: Der Stagirit verfügte, daß man die sterblichen Überreste seiner Ehefrau neben seinen eigenen begraben und ein Teil der Erbschaft an Herpyllis gehen solle.

Dennoch – wie tief verwurzelt die Idee der Unvereinbarkeit von philosophischer Tätigkeit und dem Umgang mit Frauen war, zeigt die Tatsache, daß die späteren Jahrhunderte sogar über den untadeligen «Meister aller Wissenden» (Dante) eine Verleumdung in die Welt setzen sollten, die ein weit weniger rühmliches Bild seines Umgangs mit dem anderen Geschlecht vermittelte. Es ist die Geschichte von Aristoteles und Phyllis, des Weisen und der schönen Kurtisane, die durch arabische Übermittlung aus einer orientalischen Tradition (*Pañcatantra*) aufgenommen wurde und in zahlreiche mittelalterliche Erzählungen und künstlerische Darstellungen einfloß, unter anderem in einen bekannten Holzschnitt von Hans Baldung gen. Grien. Phyllis trifft den jungen Alexander, der von seinem Vater Philipp, König von Makedonien, Aristoteles zur Erziehung anvertraut worden war, und lenkt ihn, attraktiv, wie sie ist, vom Lernen ab. Ari-

Aristoteles und Phyllis.
Holzschnitt von Hans Baldung, gen. Grien, 1513. AKG

stoteles beschwert sich beim König, welcher dem temperamentvollen Jüngling verbietet, sich mit der schönen Dame zu treffen. Letztere rächt sich, indem sie dem Philosophen ihre Gunst verspricht – unter der Bedingung, daß er sich auf allen vieren von ihr reiten läßt. Verführt von der kurvenreichen Schönheit, willigt Aristoteles ein, ohne zu bemerken, daß die gerissene junge Dame dem König im voraus das ungewöhnliche Spektakel avisiert hatte. Der große Denker sieht sich zum Gespött des makedonischen Hofes erniedrigt. Beschämt zieht er sich auf eine Insel zurück und verfaßt einen Traktat über die weibliche Heimtücke.[1]

Daß sich in der Folge die Beziehungen zwischen Philosophen und den Frauen nennenswert verbessert hätten, ist nicht der Fall. Nicht einmal in der Neuzeit. Sogar Kant, Verfechter des aufklärerischen Denkens, der den Mut, sich des eigenen Verstandes gegen alle Vorurteile und Autoritäten zu bedienen, zum Prinzip erhebt, scheint beim Thema Frauen das Licht seiner Vernunft abhanden zu kommen. Es stimmt zwar, daß der große Denker die Frau von der primitiven und tierischen Unterwerfung unter den Mann emanzipiert und ihr das Recht zur «Galanterie» einräumt, das heißt zur «Freiheit, auch andere Männer als den einen öffentlich zu Liebhabern zu haben.» Dafür spricht er ihnen aber das Wahlrecht ab und sammelt eine Reihe von Vorurteilen, ironischen Bemerkungen und Frechheiten über das weibliche Geschlecht, die er als wissenschaftliche Ergebnisse einer «Anthropologie in pragmatischer Hinsicht» hinstellt. Einige Beispiele? «Die Weiblichkeiten heißen Schwächen.» Oder: «Der Mann ist leicht zu erforschen, die Frau verrät ihr Geheimnis nicht, obgleich anderer ihres (wegen ihrer Redseligkeit) schlecht bei ihr verwahrt ist.» Weiter: «Das Weib wird durch die Ehe frei; der Mann verliert dadurch seine Freiheit.» «Er liebt den *Hausfrieden* und unterwirft sich gern dem Regiment der Frau, um sich nur in seinen Geschäften nicht behindert zu sehen. Sie scheut den *Hauskrieg* nicht, den sie mit der Zunge führt und zu welchem Behuf die Natur ihr Redseligkeit und affektvolle Beredheit gab, die den Mann entwaffnet.» Und über die weibliche Kultur: «Die gelehrten Frauen brauchen ihre Bücher etwa so wie ihre Uhr, nämlich sie zu tragen, damit gesehen werde, daß sie eine haben; ob sie zwar gemeiniglich still steht oder nicht nach der Sonne gestellt ist.»[2] Das alles zeigt: Es ist durchaus denkbar, daß der auf den ersten Blick unverdächtige Kant im Urteil über Frauen für die Bosheiten Schopenhauers und Nietzsches als Vorbild diente.

Wie dem auch sei, es scheint, daß die großen Philosophen generell mit Frauen und mit der Liebe nicht richtig umgehen können. Wenn sie es dann doch versuchen, geschehen Unglücke, verursachen sie Katastrophen und Chaos: Abaelard mit Heloise, Nietzsche mit Lou, Weber mit Else, Scheler mit seinen zahlreichen

Geliebten, Heidegger mit Hannah, Wittgenstein mit Marguerite. Wir ersparen uns eine peinliche Auflistung weiterer Fälle, die nur einige wenige Gegenbeispiele enthalten würde: die Liebe Schellings zu Caroline, die Liebschaft von Comte und Clotilde, das Zusammenleben Simmels mit Gertrud (unter Pseudonym Autorin wichtiger Bücher), die hinreißende Begegnung von Bataille und Laure.

2. Der Fall Schopenhauer

Dies führt zu einer hermeneutischen Empfehlung: Wer das vorliegende Büchlein liest, sollte sich die Bedingungen und die Umstände vergegenwärtigen, unter denen die Schriften Schopenhauers entstanden, nämlich die Last einer «männlichen» Tradition und atavistisch anmutende Vorurteile. Immerhin kann man Schopenhauer wenigstens zugestehen, daß er sich der spannungsreichen Beziehung zwischen der Philosophie und den Frauen wirklich angenommen hat. Nach ihm und Nietzsche sollte es nicht mehr möglich sein, sie zu ignorieren.[3]

In Wirklichkeit waren die Dinge schon zu den Zeiten Schopenhauers dabei, sich zu verändern. Die großen Frauen der Aufklärung und der Romantik hatten mit bestechender Klarheit dargelegt, daß es Zeit sei, mit dem

Gockel-Gehabe aufzuräumen, und damit dem späteren Marsch der Frau in Richtung Emanzipation den Weg bereitet. Seit der junge Friedrich Schlegel in seiner Abhandlung *Über die Diotima* (1795) die weibliche Figur aus Platons *Symposion* zum Vorbild der neuen Frau erhoben hatte, die im Eros die eigene Verwirklichung sucht, und vor allem nach dem Roman *Lucinde* (1799), der nicht mehr von Platon, sondern von Dorothea Mendelssohn, welche den Ehemann verlassen hatte, um Friedrich Schlegel zu heiraten, inspiriert wurde, hatte eine wirkliche Neuorientierung begonnen. Neben Dorothea folgte eine ganze Reihe weiblicher Gestalten vorurteilsfrei der neuen Art zu leben: Germaine de Staël, Geliebte Talleyrands, die eine turbulente Affäre mit Benjamin Constant und später eine ruhigere und vergeistigtere mit besagtem Schlegel einging; Caroline Michaelis, «Madame Luzifer», die, nach dem Tod ihres ersten Ehemanns, August Wilhelm Schlegel und später Schelling heiratete; Henriette Herz, die dem begeisterten Wilhelm von Humboldt Hebräisch beibrachte und Schleiermacher Italienisch; dann Caroline von Günderrode, die unglückliche Geliebte von Friedrich Creuzer, die von der Leidenschaft zum Selbstmord getrieben wurde; Bettina Brentano, Pauline Wiesel, Rahel Varnhagen von Ense und noch einige mehr.

Johanna Schopenhauer, geb. Trosiener, Arthurs Mutter, gehörte selbst zu dieser Gruppe außergewöhnlicher

Frauen und hegte große literarische Ambitionen. Die von ihr selbst herausgegebene Edition des eigenen Gesamtwerkes – Reiseberichte, Romane, Tagebücher, sogar eine Studie über Jan van Eyck und die flämische Malerei – umfaßt nicht weniger als 24 Bände. Nach dem Freitod ihres Gatten war sie 1806 nach Weimar gezogen, das damals von dem Vorstoß Napoleons in das Herz Preußens erschüttert wurde. Johanna versammelte um sich herum einen literarischen Salon, dem unter anderen Goethe, Wieland, die beiden Schlegel und Tieck angehörten.[4] Frei von Hemmungen, nahm sie sich auch einen jungen Liebhaber ins Haus, Friedrich Müller von Gerstenbergk. Als Arthur sie in Weimar antraf, verstörte ihn die skandalöse Liaison, die er zusammen mit seiner jüngeren Schwester Adele erleben mußte. Auf die Verwirrung folgten Eifersucht und Groll. Aber Johanna, die es schließlich genoß, von Eltern und Ehemännern frei zu sein, war mit Sicherheit nicht bereit, auf ihre Eroberungen aus Liebe zu ihrem Sohn zu verzichten, dessen «widerhärigen» Charakter und dessen obsessive Vorliebe für den Familienbesitz sie im übrigen nicht ertragen konnte. Der Mutterrolle müde, verteidigt sie in ihren Briefen ihre Unabhängigkeit als Frau: «Wir beide sind *zwei*», hatte Arthur ihr geschrieben, und sie nimmt das wörtlich, um die eigene persönliche Sphäre vor den Einmischungen des Sohnes zu schützen. Der junge Philosoph hatte dagegen gehofft, seine Mutter für den heimischen Herd zurückzugewinnen, das heißt für sich selbst. Da er jedoch als Sohn den Vorzügen des Liebhabers nichts entgegenzusetzen hatte, begann er, die Situation, die Mutter im besonderen, die Frauen im allgemeinen und die Welt überhaupt zu hassen, und er zog aus dem Haus der Mutter aus.[5]

Das schwierige Verhältnis zur Mutter steht vermutlich am Anfang der verbitterten Frauenfeindlichkeit und des fast karikaturhaften Frauenbildes, das Schopenhauer in seinem Werk auf eine metaphysische Grundlage zu stellen versucht. Der biographische Hintergrund scheint viele seiner diesbezüglichen Überzeugungen zu erklären. «Ich kenne die Weiber», bekennt er als alter Mann seinem Schüler Adam Ludwig von Doß gegenüber. «Einzig als Versorgungsanstalt erachten sie die Ehe. Da mein eigener Vater siech und elend an seinen Krankenstuhl gebannt war, wäre er verlassen gewesen, hätte nicht ein alter Diener sogenannte Liebespflicht an ihm erfüllt. Meine Frau Mutter gab Gesellschaften, während er in Einsamkeit verging, und amüsierte sich, während er bittere Qualen litt. Das ist Weiberliebe!»[6]

3. Von einem Scheitern zum nächsten

Um die Wahrheit zu sagen: Mehr oder weniger gleichzeitig zu seinem Zerwürfnis mit der Mutter hätte sich für Schopenhauer eine wunderbare Gelegenheit ergeben, sein pessimistisches Bild vom anderen Geschlecht zu korrigieren. Er hatte sich in Caroline Jagemann verliebt, Erste Schauspielerin am Hoftheater von Weimar und spätere Geliebte des Herzogs Karl August, und seiner Mutter anvertraut: «Dieses Weib würde ich heimführen und wenn ich sie Steine klopfend an der Landstraße fände.»[7] Aber die Liebe blieb platonisch, und als die beiden sich Jahre später in Frankfurt wiedersahen, war es schon zu spät. Bei dieser Gelegenheit erzählte ihr der betagte Philosoph, der an ihr noch immer Gefallen fand, die Geschichte von den Stachelschweinen, welche er damals niedergeschrieben hatte und die er an den Schluß von *Parerga und Paralipomena* stellen sollte: Ein paar Stachelschweine wollten sich eng aneinanderschmiegen, um sich zu wärmen und sich so vor der Winterkälte zu schützen, aber bei jedem Versuch verletzten sie sich mit ihren Stacheln und mußten sich wieder voneinander entfernen. Dann begannen sie erneut zu frieren. Genau dies geschehe auch zwischen Menschen.[8]

Alles andere als platonisch verlief dagegen die Beziehung, die Schopenhauer mit einem jungen Zimmermädchen aus Dresden führte, wohin er im Mai 1814 gezogen war. Der Sohn, den dieser Fehltritt hervorgebracht hatte, starb kurz nach der Geburt. Tatsächlich war Schopenhauer trotz seiner erklärten Frauenfeindlichkeit und seiner philosophischen Lobrede auf das asketische

Leben der «waagerechten Leidenschaft» zugeneigt und verzichtete durchaus nicht auf die Wonnen des Fleisches. Kurzum, er predigte Wasser und trank lieber Wein.

Auf seiner ersten Italien-Reise, die er im Herbst 1818 antrat, kurz nachdem er die Druckfahnen der *Welt als Wille und Vorstellung* fertig korrigiert hatte, warf er sich in Venedig in ein Abenteuer mit einer Dame von lockerem Lebenswandel, einer gewissen Teresa Fuga.[9] Ihretwegen kam seine geplante Begegnung mit Byron nicht zustande, wie der Musiker Robert von Hornstein berichtet, der sich in seinen *Memoiren* an die Gespräche mit dem alten Schopenhauer erinnert. Dieser erzählte seinen Gästen gern, daß in jenem Jahr (1818/1819) die drei größten Pessimisten Europas in Italien zusammengetroffen seien: Byron, Leopardi und er selbst. «Eines Abends», erzählt von Hornstein, «sprachen wir über Byron, als er schmerzlich bedauerte, den Mann seiner eigenen Dummheit wegen nicht kennen gelernt zu haben. ‹Ich hatte einen Empfehlungsbrief an ihn von Goethe. In Venedig war ich drei Monate während Byrons Anwesenheit. Immer wollte ich mit Goethes Brief zu ihm, als ich es eines Tages ganz aufgab. Mit meiner Geliebten ging ich auf dem Lido spazieren, als meine Dulcinea in der größten Aufregung aufschrie: ‹Ecco il poeta inglese!› Byron sauste zu Pferd an mir vorüber, und die *Donna* konnte den ganzen Tag diesen Eindruck nicht los werden. Da beschloß ich, Goethes Brief nicht abzugeben. Ich fürchtete mich vor

Hörnern. Was hat mich das schon gereut!› Dabei schlug er sich vor die Stirne.»[10]

In Florenz bereicherte Schopenhauer den Katalog seiner Eroberungen um eine wertvolle Perle: eine englische Aristokratin, die sich aus der nebligen Heimat in die milde toskanische Stadt begeben hatte, um ihre Tuberkulose zu kurieren. Der Philosoph entbrannte in «tiefer Leidenschaft», und die «Falle» der Ehe, «welche uns die Natur stellt», wäre fast zugeschnappt – wenn die unheilbare Krankheit der Geliebten unseren ängstlichen Reisenden nicht dazu veranlaßt hätte, zu dem Prinzip, daß die Ehe sich nicht für das Leben eines Denkers schicke, zurückzukehren. Die Engländerin war dennoch – wenn wir seiner Schwester Adele Glauben schenken dürfen – die große Liebe seines Lebens.

Nach Deutschland zurückgekehrt, wo er an der Berliner Universität eine Lehrtätigkeit aufnahm, suchte Schopenhauer Trost in den Armen von Caroline Richter Medon, einer Sängerin am Nationaltheater, mit der er eine wechselhafte, aber so innige Beziehung führte, daß er Caroline später explizit in seinem Testament erwähnen sollte. Die Liaison, die lange Zeit geheimgehalten wurde, wurde von Streitigkeiten und Eifersüchteleien erschüttert, vor allem aber durch die Tatsache, daß Caroline, als sich Schopenhauer zum zweitenmal in Italien befand, zehn Monate nach seiner Abreise einen schönen und gesunden Sohn zur Welt brachte: Carl

Ludwig Gustav Medon. Es ist nicht verwunderlich, daß Schopenhauer in seinem Notizbuch vermerkte: «Die Männer sind die Hälfte ihres Lebens Hurer und die andre Hälfte Hahnreie; und die Weiber zerfallen demgemäß in Betrogene und Betrügerinnen.»[11] Und bei der ersten Gelegenheit, die sich bot, versuchte er, sich selbst schadlos zu halten. Als er 1827 die siebzehnjährige Tochter eines Kunsthändlers, eine gewisse Flora Weiß, kennenlernte, machte er ihr auf der Stelle einen Heiratsantrag und vergaß dabei all seine Maximen der Vorsicht. «Heiraten», behauptet er selbst, «heißt, mit verbundenen Augen in einen Sack greifen und hoffen, daß man einen Aal aus einem Haufen Schlangen herausfinde.»[12] Zudem führe die Ehe, so gut sie auch laufen möge, dazu, «seine Rechte zu halbieren und seine Pflichten zu verdoppeln».[13] Und dennoch war der Philosoph für eine zarte Schönheit bereit, seine ganze Weisheit in den Wind zu schreiben. Zu seinem eigenen Glück wurde sein Werben zurückgewiesen: «Das ist eigentlich noch ein Kind!»[14] antwortete der Vater empört, milderte aber sofort seinen Mißmut, als er Kenntnis über die Vermögensverhältnisse des Bewerbers erlangte. Aber das Mädchen wollte von der Möglichkeit, dem runzeligen Denker ihren Frühling zu opfern, nichts wissen.

Trotz aller Mißhelligkeiten wollte Schopenhauer, als er 1831 Berlin, das von der Cholera heimgesucht wurde, fluchtartig in Richtung Frankfurt verließ, Caroline

Medon mitnehmen. Jedoch nur unter einer Bedingung: Ihr Sohn, Frucht des Betrugs, müsse in Berlin bleiben. Caroline, als gute Mutter, blieb jedoch unbeugsam und nahm in Kauf, daß der Philosoph ohne sie abfuhr.

Um das Bild von Schopenhauers Berliner Frauenaffären zu vervollständigen, darf die unerfreuliche Geschichte nicht vergessen werden, in die er eine Näherin im Nachbarhaus verwickelte, eine gewisse Caroline Marquet. In der Folge eines Streites an der Haustür, wo sich die Unverschämte mit anderen Klatschbasen laut unterhielt und ihn in seinen Gedanken störte – einige bösartige Biographen nehmen hingegen an: bei einem seiner diskreten Treffen mit Caroline Medon –, kam es zu einer körperlichen Auseinandersetzung, und Schopenhauer verletzte sie dabei. Nach einer Reihe von Prozessen, die sich über gut fünf Jahre hinzogen, wurde er wegen «Realinjurie» dazu verurteilt, ihr lebenslänglich eine Rente zu zahlen. Als sie starb, quittierte das der Philosoph mit einem Wortspiel: «Obit anus, abit onus», also: «Die Alte ist tot, die Bürde weg.»

Nach der Ankunft in Frankfurt faßte unser Denker nach seinem reihenweisen Scheitern den festen Vorsatz, definitiv auf die Ehe zu verzichten. Aber nicht generell auf die Frauen, oder besser: auf eine «petite liaison si nécessaire». Er zeugte – wir wissen nicht mit wem – einen weiteren unehelichen Sohn, der aber kurz nach der Entbindung starb.

4. Dulcis in fundo

Das Alter sollte für Schopenhauer noch eine Überraschung bereithalten. Während nun «der Nil in Kairo angekommen ist», sprechen seine Briefe von der Erleichterung, sich von den Ketten der Geschlechtlichkeit, von der dunklen metaphysischen Macht des Willens befreit zu haben. Aber gerade da schießt Amor einen letzten, wenn auch ungefährlichen Pfeil ab: Eine junge Bildhauerin, Elisabeth Ney, besucht ihn im Herbst 1859 mit der Absicht, eine Büste anzufertigen, und bleibt fast einen Monat lang bei ihm. Der Greis spornt sich an: «Sie arbeitet den ganzen Tag bei mir», erzählt er von Hornstein und reibt sich zufrieden die Hände. «Wenn ich vom Essen komme, trinken wir zusammen Kaffee, sitzen beieinander auf dem Sopha, da komme ich mir dann vor wie verheiratet.»[15] Das idyllische Zusammensein mit der jungen Künstlerin, die ihm schmeichelt und ihn hofiert, bringt das pessimistische Bild von der Frau ins Wanken, das aus seinem gespannten Verhältnis zu seiner Mutter entstanden war und das er jahrelang auf pseudo-metaphysischer Grundlage theoretisiert hatte. In einem späten Widerruf vertraut er einer Freundin Malwida von Meysenbugs an, daß er sich zu einem vorteilhafteren Urteil durchgerungen habe: «Ich habe noch nicht mein letztes Wort über die Frauen gesprochen. Ich glaube, wenn es einer Frau gelingt, sich der Masse zu entziehen oder vielmehr sich über sie zu erheben, so wächst sie unaufhörlich und mehr als der Mann, dem das Alter eine Grenze setzt, während sich die Frau immer weiter entwickelt.»[16] Wenn es nicht wahr ist, ist es zumindest sehr gut erfunden.

5. Die Frau ohne Eigenschaften

Das vorliegende Büchlein ist eine Anthologie von Sentenzen, in denen Schopenhauer seine Auffassung über die Rolle der Frau kundtut. Wir haben sie gesammelt, indem wir seine veröffentlichten und unveröffentlichten Schriften durchstöbert haben, besonders die berühmte «Metaphysik der Geschlechtsliebe», die das 44. Kapitel der «Ergänzungen» für die zweite Auflage der *Welt als Wille und Vorstellung* von 1844 bildet, die kleine Schrift *Ueber die Weiber* aus den *Parerga und Paralipomena* (1851) und den *Nachlaß*.

Auswahl und thematische Gliederung haben wir selbst vorgenommen, aber sie haben ein *fundamentum in re*, da sie in ihrer Reihenfolge die Aspekte und die zentralen Probleme Schopenhauers offenlegen. Und nicht nur das: Die Schopenhauersche Anthropologie des weiblichen Verhaltens, die ihrer Absicht nach wissenschaftlich und objektiv ist, verrät in Wahrheit die Idiosynkrasien eines Menschen, der im Innersten verletzt worden ist und *cum ira et studio* schreibt. Genau deshalb wird aus den Sentenzen anstelle von neutralen Beschreibungen ein Katalog von Ratschlägen, die das männliche Geschlecht auf die fatale Hinterlist und auf die Risiken und entnervenden Konflikte, die unvermeidlich beim Umgang mit Frauen entstehen, einstellen sollen. Es handelt sich also um eine regelrechte Kunst – im Sinne von Kunstfertigkeit und im Stile der Ratgeber, die ich bereits herausgegeben habe[17] –, das schöne Geschlecht und seine wechselhaften Verhaltensweisen auf angemessene Weise zu behandeln.

Natürlich ist es für uns Männer und Frauen von heute fast eine Binsenweisheit, wenn wir meinen, daß Schopenhauer den unausschöpflichen Reichtum des weiblichen Universums nicht kennt oder wissentlich ignoriert. Weibliche Lebensentwürfe wie *femme fatale*, *femme fragile* oder *femme vamp* gehören mit Sicherheit nicht zu seinem Repertoire. Die Frau nach Schopenhauer ist eine Frau ohne Eigenschaften. Aber vielleicht ist gerade das ein Grund dafür, daß wir heute bei seinen ausgesuchten Boshaftigkeiten eher die erheiternden Kehrseiten sehen, die, vielleicht gegen Schopenhauers Absicht, Leserinnen und Leser mehr unterhalten als belehren.

Aus dem Italienischen von Thies Schulze und Franco Volpi

I
Das Wesen der Frau

Wort und Begriff

Das Wort *Weib* ist in Mißkredit gekommen, obwohl es ganz unschuldig ist; es bezeichnet das Geschlecht (*mulier*). *Frau* heißt das verheiratete Weib (*uxor*); ein Mädchen Frau zu nennen, klingt wie ein Mißton.

Schönes Geschlecht?

Das niedrig gewachsene, schmalschultrige, breithüftige und kurzbeinige Geschlecht das schöne nennen, konnte nur der vom Geschlechtstrieb umnebelte männliche Intellekt: in diesem Triebe nämlich steckt seine ganze Schönheit.

Das zweite Geschlecht

Die Weiber sind *sexus sequior*, das in *jedem* Betracht zurückstehende zweite Geschlecht, dessen Schwäche man demnach schonen soll, aber welchem Ehrfurcht zu bezeugen über die Maßen lächerlich ist und uns in ihren eigenen Augen herabsetzt.

Ein Wesen ohne besondere Interessen

Weder für Musik, noch Poesie, noch bildende Künste haben Weiber wirklich und wahrhaftig Sinn und Empfänglichkeit; sondern bloße Äfferei, zum Behuf ihrer Gefallsucht, ist es, wenn sie solche affektieren und vorgeben. Das macht, sie sind keines *rein objektiven Anteils* an irgend etwas fähig, und der Grund hiervon ist, denke ich, folgender. Der Mann strebt in allem eine *direkte* Herrschaft über die Dinge an, entweder durch Verstehn, oder durch Bezwingen derselben. Aber das Weib ist immer und überall auf eine bloß *indirekte* Herrschaft verwiesen, nämlich mittelst des Mannes, als welchen allein es direkt zu beherrschen hat. Darum liegt es in der Weiber Natur, alles nur als Mittel, den Mann zu gewinnen, anzusehen, und ihr Anteil an irgend etwas Anderm ist immer nur ein simulierter, ein bloßer Umweg, d. h. läuft auf Koketterie und Äfferei hinaus. Daher hat schon Rousseau gesagt: «Les femmes, en général, n'aiment aucun art, ne se connoissent à aucun, et n'ont aucun génie» [«Die Frauen im allgemeinen lieben keine Kunst, verstehen sich auf keine und haben kein Genie»] (Lettre à d'Alembert, note XX). Auch wird jeder, der über den Schein hinaus ist, es schon bemerkt haben. Man darf nur die Richtung und Art ihrer Aufmerksamkeit im Konzert, Oper und Schauspiel beobachten, z.B. die kindliche Unbefangenheit sehn, mit der sie, unter den schönsten Stellen der größten Meisterwerke, ihr Geplapper fortsetzen.

Die Frau und die Waffen der Natur

Mit den Mädchen hat es die Natur auf das, was man im dramaturgischen Sinne einen Knalleffekt nennt, abgesehen, indem sie dieselben auf wenige Jahre mit überreichlicher Schönheit, Reiz und Fülle ausstattete, auf Kosten ihrer ganzen übrigen Lebenszeit; damit sie nämlich, während jener Jahre, der Phantasie eines Mannes sich in dem Maße bemächtigen könnten, daß er hingerissen wird, die Sorge für sie auf Zeit Lebens, in irgend einer Form, ehrlich zu übernehmen; zu welchem Schritte ihn zu vermögen, die bloße vernünftige Überlegung keine hinlänglich sichere Bürgschaft zu geben schien. Sonach hat die Natur das Weib, eben wie jedes andere ihrer Geschöpfe, mit den Waffen und Werkzeugen ausgerüstet, deren es zur Sicherung seines Daseins bedarf, und auf die Zeit, da es ihrer bedarf; wobei sie denn auch mit ihrer gewöhnlichen Sparsamkeit verfahren ist. Wie nämlich die weibliche Ameise, nach der Begattung, die fortan überflüssigen, ja, für das Brutverhältnis gefährlichen Flügel verliert; so meistens, nach einem oder zwei Kindbetten, das Weib seine Schönheit; wahrscheinlich sogar aus dem selben Grunde.

Das Kind – in der Frau

Zu Pflegerinnen und Erzieherinnen unserer ersten Kindheit eignen die Weiber sich gerade dadurch, daß sie selbst kindisch, läppisch und kurzsichtig, mit einem Worte zeitlebens große Kinder sind: eine Art Mittelstufe zwischen dem Kinde und dem Manne, als welcher der eigentliche Mensch ist.

II

Die Unterschiede zum Manne

Männer und Frauen

Als die Natur das Menschengeschlecht in zwei Teile spaltete, hat sie den Schnitt nicht gerade durch die Mitte geführt. Bei aller Polarität ist der Unterschied des positiven vom negativen Pol kein bloß qualitativer, sondern zugleich ein quantitativer. – So haben eben auch die Alten und die orientalischen Völker die Weiber angesehn und danach die ihnen angemessene Stellung viel richtiger erkannt, als wir, mit unserer altfranzösischen Galanterie und abgeschmackten Weiberveneration, dieser höchsten Blüte christlich-germanischer Dummheit, welche nur gedient hat, sie so arrogant und rücksichtslos zu machen, daß man bisweilen an die heiligen Affen in Benares erinnert wird, welche, im Bewußtsein ihrer Heiligkeit und Unverletzlichkeit, sich alles und jedes erlaubt halten.

Die Ungerechtigkeit der Natur

Die Natur hat durchweg eine große Vorliebe für das männliche Geschlecht gezeigt. Es hat den Vorzug der Kraft und der Schönheit; bei der Geschlechtsbefriedigung ist auf der Seite des Mannes bloß der Genuß, auf der Seite des Weibes aber alle Last und aller Nachteil. [...] Wollte der Mann von dieser Parteilichkeit der Natur Vorteil ziehen, so wäre das Weib das unglücklichste Wesen; denn ihr allein fiele die Sorge für die Kinder zu und sie bliebe bei ihren schwachen Kräften hilflos.

Reife – männlich und weiblich

Je edeler und vollkommener eine Sache ist, desto später und langsamer gelangt sie zur Reife. Der Mann erlangt die Reife seiner Vernunft und Geisteskräfte kaum vor dem achtundzwanzigsten Jahre; das Weib mit dem achtzehnten. Aber es ist auch eine Vernunft danach: eine gar knapp gemessene. Daher bleiben die Weiber ihr Leben lang Kinder, sehn immer nur das Nächste, kleben an der Gegenwart, nehmen den Schein der Dinge für die Sache und ziehn Kleinigkeiten den wichtigsten Angelegenheiten vor.

Die Eitelkeit – bei Frau und Mann

Die Eitelkeit der Weiber, selbst wenn sie nicht größer, als die der Männer sein sollte, hat das Schlimme, daß sie sich ganz auf materielle Dinge wirft, nämlich auf ihre persönliche Schönheit und nächstdem auf Flitter, Staat, Pracht. Daher auch die Sozietät so recht ihr Element ist. Dies macht sie, zumal bei ihrer geringen Vernunft, zur *Verschwendung* geneigt, weshalb schon ein Alter sagt: δαπανηρὰ φύσει γυνή [«Die Frau ist von Natur verschwenderisch», Menander, *Monostichoi*, 97]. Die Eitelkeit der Männer hingegen wirft sich oft auf nichtmaterielle Vorzüge, wie Verstand, Gelehrsamkeit, Mut und dergleichen.

Die Sexualehre – männlich und weiblich

Die Sexualehre zerfällt in Weiberehre und Männerehre: Die erste und bedeutendste ist, da im weiblichen Dasein das Sexualverhältnis das wichtigste ist, die Weiberehre. Sie ist die allgemeine Meinung Andrer von einem Mädchen, daß sie sich gar keinem Manne, und von einer Frau, daß sie sich nur dem angetrauten Manne hingegeben habe; in Hinsicht auf das männliche Geschlecht ist sie die Meinung, daß ein Mann, sobald der Ehebruch seiner Frau ihm kund wird, sich von ihr trennen und überhaupt sie möglichst strafen wird.

Die Liebe zu den Kindern – bei Mutter und Vater

Die ursprüngliche Mutterliebe ist, wie bei den Tieren, so auch im Menschen, rein *instinktiv*, hört daher mit der physischen Hilflosigkeit der Kinder auf. [...] Die Liebe des Vaters zu seinen Kindern ist anderer Art und stichhaltiger: sie beruht auf einem Wiedererkennen seines eigenen innersten Selbst in ihnen, ist also metaphysischen Ursprungs.

Wißbegier und Neugier

Das Begehren nach Kenntnissen, wenn auf das Allgemeine gerichtet, heißt *Wißbegier*; wenn auf das Einzelne, *Neugier*. – Knaben zeigen meistens Wißbegier; kleine Mädchen bloße Neugier, diese aber in stupendem Grade und oft mit widerwärtiger Naivität.

Schönheit – männlich und weiblich

Jünglingsschönheit verhält sich zur Mädchenschönheit wie Ölmalerei zu Pastell.

Die Frau und ihre Kurzsichtigkeit

Die Vernunft ist es, vermöge deren der Mensch nicht, wie das Tier, bloß in der Gegenwart lebt, sondern Vergangenheit und Zukunft übersieht und bedenkt; woraus dann seine Vorsicht, seine Sorge und häufige Beklommenheit entspringt. Der Vorteile, wie der Nachteile, die dies bringt, ist das Weib, in Folge seiner schwächern Vernunft, weniger teilhaft: vielmehr ist dasselbe ein geistiger Myops, indem sein intuitiver Verstand in der Nähe scharf sieht, hingegen einen engen Gesichtskreis hat, in welchen das Entfernte nicht fällt; daher eben alles Abwesende, Vergangene, Künftige, viel schwächer auf die Weiber wirkt, als auf uns, woraus denn auch der bei ihnen viel häufigere und bisweilen an Verrücktheit grenzende Hang zur Verschwendung entspringt: δαπανηρὰ φύσει γυνή [«Die Frau ist von Natur verschwenderisch», Menander, *Monostichoi*, 97]. [...] So viele Nachteile dies alles zwar mit sich führt, so hat es doch das Gute, daß das Weib mehr in der Gegenwart aufgeht, als wir, und daher diese, wenn sie nur erträglich ist, besser genießt, woraus die dem Weibe eigentümliche Heiterkeit hervorgeht, welche sie zur Erholung des sorgenbelasteten Mannes eignet.

III

Ihre naturgemäßen Aufgaben

Koitus und Schwangerschaft

Der Koitus ist hauptsächlich die Sache des Mannes; die Schwangerschaft ganz allein des Weibes.

Geduld und Demut

Schon der Anblick der weiblichen Gestalt lehrt, daß das Weib weder zu großen geistigen, noch körperlichen Arbeiten bestimmt ist. Es trägt die Schuld des Lebens nicht durch Tun, sondern durch Leiden ab, durch die Wehen der Geburt, die Sorgfalt für das Kind, die Unterwürfigkeit unter den Mann, dem es eine geduldige und aufheiternde Gefährtin sein soll. Die heftigsten Leiden, Freuden und Kraftäußerungen sind ihm nicht beschieden; sondern sein Leben soll stiller, unbedeutsamer und gelinder dahinfließen, als das des Mannes, ohne wesentlich glücklicher oder unglücklicher zu sein.

Die Bestimmung der Frau

Im Grunde sind die Weiber ganz allein zur Propagation des Geschlechts da und ihre Bestimmung geht hierin auf; so leben sie durchweg mehr in der Gattung, als in den Individuen: nehmen es in ihrem Herzen ernstlicher mit den Angelegenheiten der Gattung, als mit den individuellen. Dies gibt ihrem ganzen Wesen und Treiben einen gewissen Leichtsinn und überhaupt eine von der des Mannes von Grund aus verschiedene Richtung, aus welcher die so häufige und fast normale Uneinigkeit in der Ehe erwächst.

Opferbereitschaft

Das Weib muß entweder die Blüte ihrer Jugend einem schon verblühten Mann opfern, oder nachher empfinden, daß sie einem noch rüstigen Mann kein tauglicher Gegenstand mehr ist.

Ihre Hauptbeschäftigung

Die jungen Mädchen halten ihre häuslichen oder gewerblichen Geschäfte in ihrem Herzen für Nebensache, wohl gar für bloßen Spaß: als ihren allein ernstlichen Beruf betrachten sie die Liebe, die Eroberungen und was damit in Verbindung steht, wie Toilette, Tanz u. s. w.

Frauen und Herrschaft

Daß das Weib, seiner Natur nach, zum Gehorchen bestimmt sei, gibt sich daran zu erkennen, daß eine jede, welche in die ihr naturwidrige Lage gänzlicher Unabhängigkeit versetzt wird, alsbald sich irgend einem Manne anschließt, von dem sie sich lenken und beherrschen läßt; weil sie eines Herrn bedarf. Ist sie jung, so ist es ein Liebhaber; ist sie alt, ein Beichtvater.

IV
Ihre Vorzüge

Weiblicher Realismus

Die Weiber sind entschieden nüchterner als wir; wodurch sie in den Dingen nicht mehr sehn, als wirklich da ist; während wir, wenn unsere Leidenschaften erregt sind, leicht das Vorhandene vergrößern, oder Imaginäres hinzufügen.

Die Frau als Beraterin

In schwierigen Angelegenheiten, nach Weise der alten Germanen, auch die Weiber zu Rate ziehn, ist keineswegs verwerflich: denn ihre Auffassungsweise der Dinge ist von der unserigen ganz verschieden und zwar besonders dadurch, daß sie gern den kürzesten Weg zum Ziele und überhaupt das zunächst Liegende ins Auge faßt, über welches wir, eben weil es vor unserer Nase liegt, meistens weit hinwegsehn; wo es uns dann Not tut, darauf zurückgeführt zu werden, um die nahe und einfache Ansicht wieder zu gewinnen.

V

Ihre Schwächen

Der Grundfehler der Frau: Ursachen und Folgen

Man wird als den Grundfehler des weiblichen Charakters *Ungerechtigkeit* finden. Er entsteht zunächst aus dem dargelegten Mangel an Vernünftigkeit und Überlegung, wird zudem aber noch dadurch unterstützt, daß sie, als die schwächeren, von der Natur nicht auf die Kraft, sondern auf die List angewiesen sind: daher ihre instinktartige Verschlagenheit und ihr unvertilgbarer Hang zum Lügen. [...] Aus dem aufgestellten Grundfehler und seinen Beigaben entspringt aber Falschheit, Treulosigkeit, Verrat, Undank u. s. w.

Lüge und Verstellung

Wie der Tintenfisch, so verbirgt sich das Weib gerne in Verstellung und schwimmt in der Lüge.

Alle Menschen lügen – schon seit Salomons Zeiten; doch war damals die Lüge noch ein Naturlaster oder die Kaprize eines Augenblicks, noch nicht Notwendigkeit und Gesetz, wie sie es nun unter der vielgelobten Herrschaft der Weiber geworden ist.

Wie den Löwen mit Klauen und Gebiß, den Elefanten mit Stoßzähnen, den Eber mit Hauern, den Stier mit Hörnern und die Sepia mit der wassertrübenden Tinte, so hat die Natur das Weib mit Verstellungskunst ausgerüstet, zu seinem Schutz und Wehr, und hat alle die Kraft, die sie dem Manne als körperliche Stärke und Vernunft verlieh, dem Weibe in Gestalt jener Gabe zugewendet. Die Verstellung ist ihm daher angeboren, deshalb auch fast so sehr dem dummen, wie dem klugen Weibe eigen. Von derselben bei jeder Gelegenheit Gebrauch zu machen ist ihm daher so natürlich, wie jenen Tieren, beim Angriff, sogleich ihre Waffen anzuwenden, und empfindet es sich dabei gewissermaßen als seine Rechte gebrauchend.

Ein ganz wahrhaftes, unverstelltes Weib ist vielleicht unmöglich. Eben deshalb durchschauen sie fremde Verstellung so leicht, daß es nicht ratsam ist, ihnen gegenüber, es damit zu versuchen.

Das Vermögen

Alle Weiber, mit seltenen Ausnahmen, sind zur Verschwendung geneigt. Daher muß jedes vorhandene Vermögen, mit Ausnahme der seltenen Fälle, wo sie es selbst erworben haben, vor ihrer Torheit sicher gestellt werden.

Das Geld

Die Weiber denken in ihrem Herzen, die Bestimmung der Männer sei, Geld zu verdienen, die ihrige hingegen, es durchzubringen; wo möglich schon bei Lebzeiten des Mannes, wenigstens aber nach seinem Tode. Schon daß der Mann das Erworbene ihnen zur Haushaltung übergibt, bestärkt sie in dem Glauben.

VI

Die Wahl der richtigen Frau

Die Wichtigkeit des Zweckes

Der tiefe Ernst, mit welchem wir jeden Körperteil des Weibes prüfend betrachten, und sie ihrerseits dasselbe tut, die kritische Skrupulosität, mit der wir ein Weib, das uns zu gefallen anfängt, mustern, der Eigensinn unserer Wahl, die gespannte Aufmerksamkeit, womit der Bräutigam die Braut beobachtet, seine Behutsamkeit, um in keinem Teile getäuscht zu werden, und der große Wert, den er auf jedes Mehr oder Weniger, in den wesentlichen Teilen, legt, – alles dieses ist der Wichtigkeit des Zweckes ganz angemessen. Denn das Neuzuerzeugende wird, ein ganzes Leben hindurch, einen ähnlichen Teil zu tragen haben: ist z. B. das Weib nur ein wenig schief, so kann dies leicht ihrem Sohn einen Puckel aufladen, und so in allem Übrigen.

Welches Alter?

Die oberste, unsere Wahl und Neigung leitende Rücksicht ist das *Alter*. Im Ganzen lassen wir es gelten von den Jahren der eintretenden bis zu denen der aufhörenden Menstruation, geben jedoch der Periode vom achtzehnten bis achtundzwanzigsten Jahre entschieden den Vorzug. Außerhalb jener Jahre hingegen kann kein Weib uns reizen: Ein altes, d.h. nicht mehr menstruiertes Weib erregt unsere Abscheu. Jugend ohne Schönheit hat immer noch Reiz; Schönheit ohne Jugend keinen.

Welche Körpermaße?

Ein voller weiblicher Busen übt einen ungemeinen Reiz auf das männliche Geschlecht aus: weil er, mit den Propagationsfunktionen des Weibes in direktem Zusammenhang stehend, dem Neugeborenen reichliche Nahrung verspricht. Hingegen erregen *übermäßig* fette Weiber unsern Widerwillen: die Ursache ist, daß diese Beschaffenheit auf Atrophie des Uterus, also auf Unfruchtbarkeit deutet; welches nicht der Kopf, aber der Instinkt weiß.

Augen, Mund, Nase und Gesichtszüge

Erst die letzte Rücksicht ist die auf die *Schönheit des Gesichts*. Auch hier kommen vor allem die Knochenteile in Betracht; daher hauptsächlich auf eine schöne Nase gesehen wird, und eine kurze, aufgestülpte Nase alles verdirbt. Über das Lebensglück unzähliger Mädchen hat eine kleine Biegung der Nase, nach unten oder nach oben, entschieden, und mit Recht: denn es gilt den Typus der Gattung. Ein kleiner Mund, mittelst kleiner Maxillen, ist sehr wesentlich als spezifischer Charakter des Menschenantlitzes im Gegensatz der Tiermäuler. Ein zurückliegendes, gleichsam weggeschnittenes Kinn ist besonders widerlich; weil *mentum prominulum* ein ausschließlicher Charakterzug unserer Spezies ist. Endlich kommt die Rücksicht auf schöne Augen und Stirn: sie hängt mit den psychischen Eigenschaften zusammen, zumale mit den intellektuellen, welche von der Mutter erben.

Die nötige Alchemie

Damit eine solche wirklich leidenschaftliche Neigung entstehe, ist etwas erfordert, welches sich nur durch eine chemische Metapher ausdrücken läßt: beide Personen müssen einander neutralisieren, wie Säure und Alkali zu einem Mittelsalz.

Das natürliche Gleichgewicht

Die Physiologen wissen, daß Mannheit und Weiblichkeit unzählige Grade zulassen, durch welche jene bis zum widerlichen Gynander und Hypospadäus sinkt, diese bis zur anmutigen Androgyne steigt: von beiden Seiten aus kann der vollkommene Hermaphroditismus erreicht werden, auf welchem Individuen stehen, welche, die gerade Mitte zwischen beiden Geschlechtern haltend, keinem beizuzählen, folglich zur Fortpflanzung untauglich sind. Zur in Rede stehende Neutralisation zweier Individualitäten durch einander ist demzufolge erfordert, daß der bestimmte Grad *seiner* Mannheit *dem* bestimmten Grad *ihrer* Weiblichkeit genau entspreche, damit beide Einseitigkeiten einander gerade aufheben. Demnach wird der männlichste Mann das weiblichste Weib suchen und *vice versa*, und ebenso jedes Individuum das ihm im Grade der Geschlechtlichkeit entsprechende.

Schönheit allein genügt nicht

Der seltene Fall, daß ein Mann sich in ein entschieden häßliches Weib verliebt, tritt ein, wann bei der oben erörterten genauen Harmonie des Grades der Geschlechtlichkeit ihre sämtlichen Abnormitäten gerade die entgegengesetzten, also das Korrektiv der seinigen sind. Die

Verliebtheit pflegt alsdann einen hohen Grad zu erreichen.

Die Herkunftsfamilie überprüfen

Man wird keine *Iliaden* schreiben, wenn man zur Mutter eine Gans und zum Vater eine Schlafmütze gehabt hat; auch nicht, wenn man auf sechs Universitäten studiert.

Also: nie aus Leidenschaft!

Und wählen Sie nicht selbst, in toller Leidenschaft, die stets verblendet. Ich habe solche Ehen fast immer unglücklich enden sehen. Lassen Sie andere, Wohlwollende für Sie wählen. Der objektive Blick trifft das Richtigste, und Vernunft ist eine weit bessere Brautwerberin als tolle Brunst.

VII
Die Liebe

Definition

Die Liebe ist das Übel.

Sie wurzelt allein im Geschlechtstrieb

Alle Verliebtheit, wie ätherisch sie sich auch gebärden mag, wurzelt allein im Geschlechtstriebe, ja, ist durchaus nur ein näher bestimmter, spezialisierter, wohl gar im strengsten Sinn individualisierter Geschlechtstrieb.

Sie ist eine metaphysische Macht

Was zuletzt zwei Individuen verschiedenen Geschlechts mit solcher Gewalt ausschließlich zueinander zieht, ist der in der ganzen Gattung sich darstellende Wille zum Leben.

Ein Wahnsinn

Was sich in der Erscheinung darstellt als die hohe, alles außer sich gering achtende Leidenschaft der künftigen Eltern füreinander ist in der Tat ein Wahn ohnegleichen, vermöge dessen ein solcher Verliebter alle Güter der Welt hingeben würde für den Beischlaf mit diesem Weibe, – der ihm doch in Wahrheit nicht mehr leistet als jeder andere.

Sie ist blind

So sehr viel mächtiger ist der Wille der Gattung als der des Individuums, daß der Liebende über alle jene ihm widerlichen Eigenschaften die Augen schließt, alles übersieht, alles verkennt und sich mit dem Gegenstande seiner Leidenschaft auf immer verbindet: so gänzlich verblendet ihn jener Wahn, welcher, sobald der Wille der Gattung erfüllt ist, verschwindet und eine verhaßte Lebensgefährtin übrig läßt. Nur hieraus ist es erklärlich, daß wir oft sehr vernünftige, ja ausgezeichnete Männer mit Drachen und Eheteufeln verbunden sehen, und nicht begreifen, wie sie eine solche Wahl haben treffen können. Dieserhalb stellten die Alten den Amor blind dar.

Sie ist Lust- oder Trauerspiel

Das Verliebtsein eines Menschen liefert oft komische, mitunter auch tragische Phänomene; beides, weil er, vom Geiste der Gattung in Besitz genommen, jetzt von diesem beherrscht wird und nicht mehr sich selber angehört.

Sie ist Dichtung

Das Gefühl, in Angelegenheiten von so transzendenter Wichtigkeit zu handeln, ist es, was den Verliebten so hoch über alles Irdische, ja über sich selbst emporhebt und seinen sehr physischen Wünschen eine so hyperbolische Einkleidung gibt, daß die Liebe eine poetische Episode sogar im Leben der prosaischesten Menschen wird; in welchem letzteren Fall die Sache bisweilen einen komischen Anstrich gewinnt.

Sie ist nicht die Religion der Schönheit

Liebe ist für Euch wie eine Religion; Ihr glaubt, indem Ihr liebet, dem Kult der Schönheit zu frönen und in himmlische Konzerte zu gelangen. Berauschet Euch nicht an Worten: Nein, Ihr löset, ohne es zu wissen, einzig ein Problem von physiologischen Harmonien.

Die Sehnsucht der Liebe, der ἵμερος, welchen in zahllosen Wendungen auszudrücken die Dichter aller Zeiten unablässig beschäftigt sind und den Gegenstand nicht erschöpfen, ja, ihm nicht genug tun können, diese Sehnsucht, welche an den Besitz eines bestimmten Weibes die Vorstellung einer unendlichen Seligkeit knüpft und einen unaussprechlichen Schmerz an den Gedanken, daß er nicht zu erlangen sei, – diese Sehnsucht und dieser Schmerz der Liebe können nicht ihren Stoff entnehmen aus den Bedürfnissen eines ephemeren Individuums, sondern sie sind der Seufzer des Geistes der Gattung, welcher hier ein unersetzliches Mittel zu seinen Zwecken zu gewinnen, oder zu verlieren sieht und daher tief aufstöhnt. Die Gattung allein hat unendliches Leben und ist daher unendlicher Wünsche, unendlicher Befriedigung und unendlicher Schmerzen fähig. Diese aber sind hier in der engen Brust eines Sterblichen eingekerkert: kein Wunder daher, wenn eine solche bersten zu wollen scheint und keinen Ausdruck finden kann für die sie erfüllende Ahndung unendlicher Wonne oder unendlichen Wehes.

Sie ist eine geheime Machenschaft

Wenn wir nun in das Gewühl des Lebens hineinschauen, erblicken wir alle mit der Not und Plage derselben beschäftigt, alle Kräfte anstrengend, die endlosen Bedürfnisse zu befriedigen und das vielgestaltete Leiden abzuwehren, ohne jedoch etwas anderes dafür hoffen zu dürfen als eben die Erhaltung dieses geplagten, individuellen Daseins eine kurze Spanne Zeit hindurch. Dazwischen aber, mitten in dem Getümmel, sehen wir die Blicke zweier Liebenden sich sehnsüchtig begegnen: – jedoch warum so heimlich, furchtsam und verstohlen? – Weil diese Liebenden die Verräter sind, welche heimlich danach trachten, die ganze Not und Plackerei zu perpetuieren, die sonst ein baldiges Ende erreichen würde, welche sie vereiteln wollen, wie ihresgleichen es früher vereitelt haben.

Die ausschließliche Liebe

Ein wollüstiger Wahn ist es, der dem Manne vorgaukelt, er werde in den Armen eines Weibes von der ihm zusagenden Schönheit einen größern Genuß finden, als in denen eines jeden andern; oder der gar, ausschließlich auf ein *einziges* Individuum gerichtet, ihn fest überzeugt, daß dessen Besitz ihm ein überschwengliches Glück gewähren werde.

Die geistige Liebe

Es ist ein Weib, Diotima, das Sokrates die Wissenschaft der geistigen Liebe beigebracht hatte; und es ist Sokrates, der göttliche Sokrates, der, um mühelos den Weltschmerz zu perennieren, der Nachwelt diese unheilvolle Wissenschaft durch seine Schüler weitergegeben hat.

Die wahre Liebe

Da es nicht zwei ganz gleiche Individuen gibt, muß jedem bestimmten Mann ein bestimmtes Weib, – stets in Hinsicht auf das zu Erzeugende, – am vollkommensten entsprechen. So selten wie der Zufall ihres Zusammentreffens ist die eigentlich leidenschaftliche Liebe.

Liebe zu Zeiten der Seuche

Die venerische Krankheit erstreckt ihren Einfluß viel weiter, als es auf den ersten Blick scheinen möchte, indem derselbe keineswegs ein bloß physischer, sondern auch ein moralischer ist. Seitdem Amors Köcher auch vergiftete Pfeile führt, ist in das Verhältnis der Geschlechter zu einander ein fremdartiges, feindseliges, ja teuflisches Element gekommen; in Folge wovon ein finsteres und furchtsames Mißtrauen es durchzieht.

Liebe und Glaube

Die Liebe ist wie der Glaube: sie läßt sich nicht erzwingen.

Amor, der Liebesgott

Die Alten haben den Genius der Gattung in Kupido personifiziert, einem – seines kindischen Ansehns ungeachtet – feindseligen, grausamen und daher verschrienen Gott, einem kapriziösen, despotischen Dämon, aber dennoch Herrn der Götter und Menschen:

σὺ δ' ὦ θεῶν τύραννε κ' ἀνθρώπων,"Ερως!
(Tu, deorum hominumque tyranne, Amor!)
[Du, Eros, Tyrann der Götter und Menschen!
Euripides, *Andromeda*, Fr. 132;
vgl. Stobaios, *Florilegium* II, 385, 17]

Mörderisches Geschoß, Blindheit und Flügel sind seine Attribute. Die letzteren deuten auf den Unbestand: dieser tritt, in der Regel, erst mit der Enttäuschung ein, welche die Folge der Befriedigung ist.

Spinoza

Spinozas Definition der Liebe verdient, wegen ihrer überschwenglichen Naivität, zur Aufheiterung, angeführt zu werden: *Amor est titillatio, concomitante idea causae externae* [Liebe ist ein Kitzel, der von der Vorstellung einer äußeren Ursache begleitet ist] (*Ethica*, IV, prop. 44, dem.).

Liebe im Spiegel

Ein hoffnungslos Liebender kann seine grausame Schöne dem Hohlspiegel epigrammatisch vergleichen, als welcher, wie diese glänzt, entzündet und verzehrt, dabei aber selbst kalt bleibt.

Geliebte vergehen wie Gedanken

Die Gegenwart eines Gedankens ist wie die Gegenwart einer Geliebten: wir meinen, den Gedanken werden wir *nie* vergessen, die Geliebte wird uns *nie* gleichgültig werden: aber, aus den Augen aus dem Sinn. – Die schönsten Gedanken sind unwiederbringlich, wenn nicht aufgeschrieben, und der Geliebten suchen wir einst zu entfliehen, wenn nicht angetraut.

Selbstmord aus Liebe

In den höchsten Graden der Verliebtheit wird nun diese Chimäre so strahlend, daß, wenn sie nicht erlangt werden kann, das Leben selber allen Reiz verliert und nunmehr so freudenleer, schaal und ungenießbar erscheint, daß der Ekel davor sogar die Schrecken des Todes überwindet; daher es dann bisweilen freiwillig abgekürzt wird. Der Wille eines solchen Menschen ist in den Strudel des Willens der Gattung geraten, oder dieser hat so sehr das Übergewicht über den individuellen Willen erhalten, daß, wenn solcher in ersterer Eigenschaft nicht wirksam sein kann, er verschmäht, es in letzterer zu sein. Das Individuum ist hier ein zu schwaches Gefäß, als daß es die auf ein bestimmtes Objekt konzentrierte, unendliche Sehnsucht des Willens der Gattung ertragen könnte. In diesem Fall ist daher der Ausgang Selbstmord, bisweilen doppelter Selbstmord beider Liebenden; es sei denn, daß die Natur zur Rettung des Lebens Wahnsinn eintreten ließe, welcher dann mit seinem Schleier das Bewußtsein jenes hoffnungslosen Zustandes umhüllt. – Kein Jahr geht hin, ohne durch mehrere Fälle aller dieser Arten die Realität des Dargestellten zu belegen.

VIII

Das Geschlechtsleben

Metaphysik der Geschlechtsliebe

Meine Metaphysik der Geschlechtsliebe ist eine Perle.

Die sexuelle Anziehungskraft – bei Mann und Frau

Der Mann ist von Natur zur Unbeständigkeit in der Liebe, das Weib zur Beständigkeit geneigt. Die Liebe des Mannes sinkt merklich von dem Augenblick an, wo sie Befriedigung erhalten hat: Fast jedes andere Weib reizt ihn mehr als das, welches er schon besitzt: Er sehnt sich nach Abwechslung. Die Liebe des Weibes hingegen steigt von eben jenem Augenblick an. Dies ist eine Folge des Zwecks der Natur, welche auf Erhaltung und daher auf möglichst starke Vermehrung der Gattung gerichtet ist. Der Mann nämlich kann, bequem, über hundert Kinder im Jahre zeugen, wenn ihm eben so viele Weiber zu Gebote stehen; das Weib hingegen könnte, mit noch so vielen Männern, doch nur *ein* Kind im Jahr (von Zwillingsgeburten abgesehen) zur Welt bringen. Daher sieht *er* sich stets nach andern Weibern um; *sie* hingegen hängt fest dem Einen an: denn die Natur treibt sie, instinktmäßig und ohne Reflexion, sich den Ernährer und Beschützer der künftigen Brut zu erhalten.

Die Sexualbefriedigung – bei Mann und Frau

Die Natur hat das Verhältnis schlecht angelegt: Dem Manne ist es unmöglich, den Geschlechtstrieb von seinem Entstehn bis zu seinem Ende auf eine legale Art zu befriedigen. Es sei denn, daß er jung Witwer würde. Dem Weibe ist die Beschränktheit auf *einen* Mann, die kurze Zeit ihrer Blüte und Tauglichkeit hindurch, ein unnatürlicher Zustand. Sie soll für Einen bewahren, was er nicht brauchen kann, und was viele Andre von ihr begehren: und sie soll selbst bei diesem Versagen entbehren. Man ermesse es!

Besonders da noch hinzukommt, daß zu jeder Zeit die Zahl der zum Beischlaf tüchtigen Männer die doppelte ist der dazu tauglichen Weiber, weshalb jedes Weib beständig Anfechtungen findet, ja schon von selbst diesen entgegensieht, sobald ein Mann ihr nahe kommt.

Wie lange?

Die natürliche Herrschaft des Weibes über das männliche Geschlecht durch den Reiz der Befriedigung dauert etwa sechzehn Jahre. Das Weib ist mit vierzig Jahren zur Geschlechtsbefriedigung untauglich. Der Geschlechtstrieb des Mannes dauert mehr als doppelt so lange.

Geschlechtsbefriedigung als Instinkt

Nun meint man zwar, der Mensch habe fast gar keinen Instinkt, allenfalls bloß den, daß das Neugeborene die Mutterbrust sucht und ergreift. Aber in der Tat haben wir einen sehr bestimmten, deutlichen, ja komplizierten Instinkt, nämlich den der so feinen, ernstlichen und eigensinnigen Auswahl des andern Individuums zur Geschlechtsbefriedigung. Mit dieser Befriedigung an sich selbst, d.h. sofern sie ein auf dringendem Bedürfnis des Individuums beruhender sinnlicher Genuß ist, hat die Schönheit oder Häßlichkeit des andern Individuums gar nichts zu schaffen. Die dennoch so eifrig verfolgte Rücksicht auf diese, nebst der daraus entspringenden sorgsamen Auswahl, bezieht sich also offenbar nicht auf den Wählenden selbst, obschon er es wähnt, sondern auf den wahren Zweck, auf das zu Erzeugende, als in welchem der Typus der Gattung möglichst rein und richtig erhalten werden soll.

Offenbar ist die Sorgfalt, mit der ein Insekt eine bestimmte Blume, oder Frucht, oder Mist, oder Fleisch, oder, wie die Ichneumonien, eine fremde Insektenlarve aufsucht, um seine Eier *nur dort* zu legen, und um dieses zu erreichen weder Mühe noch Gefahr scheut, derjenigen sehr analog, mit welcher ein Mann zur Geschlechtsbefriedigung ein Weib von bestimmter, ihm individuell zusagender Beschaffenheit sorgsam auswählt und so eifrig nach ihr strebt, daß er oft, um diesen Zweck zu erreichen, aller Vernunft zum Trotz, sein eigenes Lebensglück opfert, durch törichte Heirat, durch Liebeshändel, die ihn Vermögen, Ehre und Leben kosten, selbst durch Verbrechen wie Ehebruch oder Notzucht; alles nur, um, dem überall souveränen Willen der Natur gemäß, der Gattung auf das zweckmäßigste zu dienen, wenngleich auf Kosten des Individuums.

Stempel der Gattung

Das schwindelnde Entzücken, welches den Mann beim Anblick eines Weibes von ihm angemessener Schönheit ergreift und ihm die Vereinigung mit ihr als das höchste Gut vorspiegelt, ist eben *der Sinn der Gattung*, welcher –

den deutlich ausgedrückten Stempel derselben erkennend – sie mit diesem perpetuieren möchte.

Besser als Löwen!

Ich erwartete, daß die *Paarung der Löwen* als die höchste Bejahung des Willens in seiner heftigsten Erscheinung von sehr vehementen Symptomen begleitet sein würde; und war überrascht, solche weit unter denen zu finden, welche die menschliche Paarung zu begleiten pflegen. – Auch hier also entscheidet über die erhöhte Bedeutsamkeit der Erscheinung nicht der Grad der Heftigkeit des Wollens, sondern der Grad der Erkenntnis: wie der Ton nicht so sehr durch die Größe der *Saite* als durch die des *Resonanzbodens* verstärkt wird.

Die Geschlechtsbegierde …

Die Geschlechtsbegierde, zumal wenn, durch Fixieren auf ein bestimmtes Weib, zur Verliebtheit konzentriert, ist die Quintessenz der ganzen Prellerei dieser nobeln Welt; da sie so unaussprechlich, unendlich und überschwenglich viel verspricht und dann so erbärmlich wenig hält.

... der Geschlechtstrieb ...

Die aus dem *Geschlechtstrieb* entspringenden Kaprizen sind ganz analog den *Irrlichtern*; sie täuschen auf das Lebhafteste: aber folgen wir ihnen, so führen sie uns in den Sumpf, und verschwinden.

... und seine Befriedigung

Die Befriedigung des Geschlechtstriebs ist an sich schlechthin verwerflich, weil sie die stärkste Bejahung des Lebens ist. Dies gilt von der in der Ehe wie von der außer der Ehe. Letztere aber ist doppelt verwerflich, weil sie noch dazu Verneinung des fremden Willens ist, indem das Mädchen mittelbar oder unmittelbar dadurch in Unglück gerät, der Mann also seine Lust auf Kosten des Glücks Andrer befriedigt.

Liebe und Haß

Die Geschlechtsliebe verträgt sich sogar mit dem äußersten Haß gegen ihren Gegenstand; daher schon Plato sie der Liebe der Wölfe zu den Schafen verglichen hat.

Bart und Sexualität

Der *Bart* sollte, als halbe Maske, polizeilich verboten sein. Zudem ist er, als Geschlechtsabzeichen mitten im Gesicht, *obszön*: daher gefällt er den Weibern.

Die Kehrseite der Medaille

Die Täuschungen, welche die erotischen Gelüste uns bereiten, sind gewissen Statuen zu vergleichen, welche in Folge ihres Standortes darauf berechnet sind, nur von vorne gesehn zu werden, und sich dann schön ausnehmen; während sie von hinten einen schlechten Anblick darbieten. Dem analog ist was die Verliebtheit uns vorspiegelt, solange wir es im Prospekt haben und als kommend erblicken, ein Paradies der Wonne; aber wann vorübergegangen und demnach von hinten gesehn, zeigt es sich als etwas Geringfügiges und Unbedeutendes, wo nicht gar Widerliches.

Austern und Champagner

Der Philister, ein Mensch ohne geistige Bedürfnisse, [...] bleibt ohne geistige Genüsse. [...] Kein Drang nach Erkenntnis und Einsicht, um ihrer selbst Willen, belebt sein

Dasein, auch keiner nach eigentlich ästhetischen Genüssen, als welcher dem ersteren durchaus verwandt ist. Was dennoch von Genüssen solcher Art etwa Mode, oder Autorität, ihm aufdringt, wird er als eine Art Zwangsarbeit möglichst kurz abtun. Wirkliche Genüsse für ihn sind allein die sinnlichen: durch diese hält er sich schadlos. Demnach sind Austern und Champagner der Höhepunkt seines Daseins.

Geschlechtsverkehr und Zeugung: alles zu seiner Zeit

Zum Ausgangspunkt diene mir eine Stelle des Aristoteles in *Politica*, VII, 16. Daselbst setzt er auseinander, erstlich: daß zu junge Leute schlechte, schwache, mangelhafte und klein bleibende Kinder zeugen; und weiterhin, daß dasselbe von den Erzeugnissen der zu alten gilt. [...] Aristoteles schreibt daher vor, daß, wer vierundfünfzig Jahre alt ist, keine Kinder mehr in die Welt setzen soll; wiewohl er den Beischlaf noch immer seiner Gesundheit oder sonst einer Ursache halber ausüben mag. Wie dies zu bewerkstelligen sei, sagt er nicht: seine Meinung geht offenbar dahin, daß die in solchem Alter erzeugten Kinder durch Abortus wegzuschaffen sind; da er diesen, wenige Zeilen vorher, anempfohlen hat. – Die Natur nun ihrerseits kann die der Vorschrift des Aristoteles zum Grunde liegende Tatsache nicht leugnen, aber auch nicht aufheben. Denn, ihrem Grundsatz *natura non facit saltus* [Die Natur macht keine Sprünge, *De incessu animalium* 704b 15, 708a 9] zufolge, konnte sie die Samenabsonderung des Mannes nicht plötzlich einstellen, sondern auch hier, wie bei jedem Absterben, mußte eine allmähliche Deterioration vorhergehen. Die Zeugung während dieser nun aber würde schwache, stumpfe, sieche, elende und kurzlebende Menschen in die Welt setzen. Ja, sie tut es nur zu oft: die in späterm Alter gezeugten Kinder sterben meistens früh weg, erreichen wenigstens nie das hohe Alter, sind mehr oder weniger hinfällig, kränklich, schwach, und die von ihnen Erzeugten sind von ähnlicher Beschaffenheit. Was hier von der Zeugung im deklinierenden Alter gesagt ist, gilt ebenso von der im unreifen.

Jungfräulichkeit

Virginität ist schön, nicht weil sie ein Fasten, sondern weil sie Klugheit ist, da sie die Schliche der Natur umgeht.

Geschlechtsverkehr und Krankheiten

Damit also der Geschlechtstrieb nicht zu viel Gewalt über den Menschen gewinne, ist die venerische Krankheit ein sehr dienlicher Damm.

Man hat in der Naturwissenschaft eine herrliche Erfindung gemacht, die dem Menschengeschlecht eine der größten Wohltaten ist; man habe nämlich nun ein Mittel gefunden, vermittelst welchem man den Forderungen der Natur genüge leisten kann ohne Gefahr, wie bisher immer, in Bordellen etwa angesteckt zu werden. Dieses besteht darin, daß man in einem Glas voll Wasser eine Porzion Chlorkalk auflöst und dann nach dem Koitus den Penis darin badet, wodurch das allenfalls empfangene Gift des gänzlichen zerstört wird.

IX
Der Ehestand

Was Ehe ist

Le mariage est un piège, que la nature nous tend.
[Die Ehe ist eine Falle, welche uns die Natur stellt.]

Weshalb man sie schließt

Das weibliche Geschlecht verlangt und erwartet vom männlichen alles, nämlich alles, was es wünscht und braucht: Das männliche verlangt vom weiblichen zunächst und unmittelbar nur Eines. Daher mußte die Einrichtung getroffen werden, daß das männliche Geschlecht vom weiblichen jenes Eine nur erlangen kann gegen Übernahme der Sorge für alles und zudem für die aus der Verbindung entspringenden Kinder: Auf dieser Einrichtung beruht die Wohlfahrt des ganzen weiblichen Geschlechts.

Was tun?

Die Frage, ob es besser sei, zu *heiraten*, oder nicht, läßt sich in sehr vielen Fällen darauf zurückführen, ob Liebessorgen besser sind als Nahrungssorgen.

Ehestand = Zank und Not! Lediger Stand = Friede und Fülle.

Die Wissenschaft heiraten

Heiraten Sie nicht! Nehmen Sie meine Warnung: heiraten Sie nicht! Lassen Sie die Wissenschaft Ihre Geliebte und Gattin sein, Sie werden sich tausendmal besser dabei befinden. Unsere abendländische Ehe ist das Widersinnigste, was man sich denken kann! Wie unverhältnismäßig große Lasten und Pflichten legt sie dem Manne auf, für die ephemeren Freuden, die er eintauscht!

Man heiratet nicht die Intelligenz

Bei der Ehe ist es nicht auf geistreiche Unterhaltung, sondern auf die Erzeugung der Kinder abgesehen: Sie ist ein Bund der Herzen, nicht der Köpfe. Es ist ein eitles und lächerliches Vorgeben, wenn Weiber behaupten, in den Geist eines Mannes sich verliebt zu haben, oder es ist die Überspannung eines entarteten Wesens.

Allen Verschiedenheiten zum Trotz

Es befremdet uns, wenn wir einen Mann und ein Weib ein Ehebündnis leidenschaftlich schließen sehn, deren Köpfe die verschiedensten auf der Welt sind, z. B. er roh, kräftig und beschränkt, sie zart empfindend, fein denkend, ästhetisch u. s. w. Oder er genial und gelehrt, sie eine Gans: und doch werden sie mächtig aneinander gezogen und sind füreinander gemacht; davon ist der Grund, daß hier der Wille an sich wirkt, dessen Brennpunkt der andre Pol ist, die Genitalien.

Ehestand und Überdruß

Heiraten heißt, das Mögliche tun, einander zum Ekel zu werden.

Ehe und Vergewaltigung

Nur die modernen protestantischen Optimisten erklären die Ehe für etwas Hohes, Heiliges, Göttliches. Tertullian hingegen hat gesagt, daß die Ehe vom *stuprum* [Vergewaltigung] nicht wesentlich verschieden ist.

Ehe und Gleichberechtigung

Die europäischen Ehegesetze nehmen das Weib als Äquivalent des Mannes, gehen also von einer unrichtigen Voraussetzung aus.

Verheirateter Mann – ein halber Mensch

In unserm monogamischen Weltteil heißt heiraten, seine Rechte halbieren und seine Pflichten verdoppeln.

Aus Liebe oder aus Interesse?

Der Mann, welcher bei seiner Verheiratung auf Geld statt auf Befriedigung seiner Neigung sieht, lebt mehr im Individuum als in der Gattung, welches der Wahrheit gerade entgegengesetzt ist, daher es sich als naturwidrig darstellt und eine gewisse Verachtung erregt. Ein Mädchen, welches dem Rat seiner Eltern entgegen den Antrag eines reichen und nicht alten Mannes ausschlägt, um mit Hintansetzung aller Konvenienzrücksichten allein nach seinem instinktiven Hange zu wählen, bringt sein individuelles Wohl dem der Gattung zum Opfer. Aber eben deswegen kann man ihm einen gewissen Beifall nicht versagen: denn es hat das Wichtigere vorgezogen und im Sinne der Natur (näher, der Gattung) gehandelt; während die Eltern im Sinne des individuellen Egoismus rieten.

Liebesheirat

Nur «aus Liebe» heiraten und es nicht sehr bald bereuen müssen, ja heiraten überhaupt, heißt, mit verbundenen Augen in einen Sack greifen und hoffen, daß man einen Aal aus einem Haufen Schlangen herausfinde.

Ehen aus Liebe werden im Interesse der Gattung, nicht der Individuen geschlossen. Zwar wähnen die Beteiligten ihr eigenes Glück zu fördern: Allein ihr wirklicher Zweck ist ein ihnen selbst fremder, indem er in der Hervorbringung eines nur durch sie möglichen Individuums liegt. Durch diesen Zweck zusammengeführt sollen sie fortan suchen, so gut als möglich miteinander auszukommen. Aber sehr oft wird das durch jenen instinktiven Wahn, welcher das Wesen der leidenschaftlichen Liebe ist, zusammengebrachte Paar im übrigen von der heterogensten Beschaffenheit sein. Dies kommt an den

Tag, wann der Wahn, wie er notwendig muß, verschwindet. Demgemäß fallen die aus Liebe geschlossenen Ehen in der Regel unglücklich aus: Denn durch sie wird für die kommende Generation auf Kosten der gegenwärtigen gesorgt. *Quien se casa por amores, ha de vivir con dolores* (Wer aus Liebe heiratet, hat unter Schmerzen zu leben) sagt das spanische Sprichwort.

Ehestand und Glückseligkeit

Glückliche Ehen sind bekanntlich selten; eben weil es im Wesen der Ehe liegt, daß ihr Hauptzweck nicht die gegenwärtige, sondern die kommende Generation ist. Indessen sei zum Troste zarter und liebender Gemüter noch hinzugefügt, daß bisweilen der leidenschaftlichen Geschlechtsliebe sich ein Gefühl ganz andern Ursprungs zugesellt, nämlich wirkliche, auf Übereinstimmung der Gesinnung gegründete Freundschaft, welche jedoch meistens erst dann hervortritt, wann die eigentliche Geschlechtsliebe in der Befriedigung erloschen ist.

Jugendsünde

Die meisten Männer lassen sich durch ein schönes Gesicht verlocken; denn die Natur induziert sie dazu, Weiber zu nehmen, indem sie diese auf einmal ihre volle Glanzseite zeigen oder einen «Knalleffekt» machen läßt; die vielen Übel dagegen, die sie im Gefolge haben, verbirgt: als da sind endlose Ausgaben, Kindersorgen, Widerspenstigkeit, Eigensinn, Alt- und Garstigwerden nach wenigen Jahren, Betrügen, Hörneraufsetzen, Grillen, hysterische Anfälle, Liebhaber und Hölle und Teufel. Deshalb nenne ich die Heirat eine Schuld, die in der Jugend kontrahiert und im Alter bezahlt wird.

Es gewinnt den Anschein, als müßte, bei Abschließung einer Ehe, entweder das Individuum oder das Interesse der Gattung zu kurz kommen. Meistens steht es auch so: Denn daß Konvenienz und leidenschaftliche Liebe Hand in Hand gingen, ist der seltenste Glücksfall.

Femina sine pecunia imago mortis

Frauen, welche arme Mädchen waren, sind sehr oft anspruchsvoller und verschwenderischer, als die, welche eine reiche Aussteuer zubrachten; indem meistenteils die reichen Mädchen nicht bloß Vermögen mitbringen, sondern auch mehr Eifer, ja, angeerbten Trieb zur Erhaltung desselben, als arme. [...] Jedenfalls möchte ich dem, der ein armes Mädchen heiratet, raten, sie nicht das Kapital, sondern eine bloße Rente erben zu lassen, besonders aber dafür zu sorgen, daß das Vermögen der Kinder nicht in ihre Hände gerät.

Wenn wirklich geheiratet sein *muß*, so heiraten Sie, wofern Sie es nicht selbst sind, eine *reiche* Frau. Diese verstehen wenigstens besser zu wirtschaften als andere, die den Wert des Geldes nicht kennen, weil sie es nie besessen haben.

Ehefrau und Kinder

Zu dem, *was einer hat*, habe ich Frau und Kinder nicht gerechnet, da er von diesen vielmehr gehabt wird.

Baltasar Gracián heißt einen Vierziger bloß um deswillen, weil er Weib und Kinder hat, ein Kamel.

Ehe als Versicherungsanstalt – aus persönlicher Erfahrung

Ich kenne die Weiber. Einzig als Versorgungsanstalt erachten sie die Ehe. Da mein eigener Vater siech und elend an seinen Krankenstuhl gebannt war, wäre er verlassen gewesen, hätte nicht ein alter Diener sogenannte Liebespflicht an ihm erfüllt. Meine Frau Mutter gab Gesellschaften, während er in Einsamkeit verging, und amüsierte sich, während er bittere Qualen litt. Das ist Weiberliebe!

Fahrkarte nicht umsonst bezahlen!

Je verständiger und weiser einer ist, desto schlimmer fährt er in der Verbindung mit der unverständigen Hälfte der Menschheit, und mit Recht, da diese Verbindung von seiner Seite eine größere Torheit gewesen ist. Vollends wer vierzig Jahre alt geworden ist, ohne sich mit Frau und Kindern belastet zu haben, wenn er es nachher tun will. Es kommt mir dies vor, als wenn einer drei Viertel der Poststation zu Fuß zurückgelegt hat und noch ein Passagierbillet für die ganze Fahrt lösen will.

Der einzig mögliche Beweggrund zugunsten des Ehestandes

Es bleibt zuletzt zugunsten der Ehe nur noch die Pflege in Alter und Krankheit und ein eigener Herd. Aber auch diese Vorteile scheinen mir trügerisch: hat etwa meine Mutter meinen Vater gepflegt, da derselbe krank gewesen?

Die Witwen

Daß Witwen sich mit der Leiche des Gatten verbrennen, ist freilich empörend; aber daß sie das Vermögen, welches der Gatte, sich getröstend, daß er für seine Kinder arbeite, durch den anhaltenden Fleiß seines ganzen Lebens erworben hat, nachher mit ihren Buhlen durchbringen, ist auch empörend.

Treue und Untreue

Die eheliche Treue ist dem Manne künstlich, dem Weibe natürlich, und also Ehebruch des Weibes, wie objektiv, wegen der Folgen, so auch subjektiv, wegen der Naturwidrigkeit, viel unverzeihlicher als der des Mannes.

Ehebruch

Ehebruch ist als der ärgste Diebstahl noch um einen Grad schlechter.

Die Ehre des Mannes fordert, daß er den Ehebruch seiner Frau ahnde und durch Trennung von ihr und sonst räche: duldet er ihn wissentlich, so wird er vom Männercorps mit Schande belegt, welche jedoch nicht so durchgreifend ist, wie die beim weiblichen Geschlecht, weil beim Mann die Geschlechtsbeziehung untergeordnet ist und er noch viele ganz andre Beziehungen hat.

Weiberehre – Männerehre

Weiberehre will, daß kein unehelicher Beischlaf stattfinde: denn nur so wird der Feind (die Männer) zur Kapitulation (Ehe) gezwungen; daher wird jeder uneheliche Beischlaf vom Weibercorps als Verrat an den Feind bestraft durch Belegung der Schuldigen mit Schande, und durch Ausstoßung aus dem Corps.

Männerehre will, daß kein Ehebruch statthabe: denn nur so wird der Feind (die Weiber) gezwungen, die erlangte Kapitulation wenigstens zu halten; daher wird jeder, der den Ehebruch seiner Frau wissentlich duldet, vom Männercorps als Verräter bestraft durch Belegung mit Schande.

X
Monogamie oder Polygamie?

Die Monogamie ist wider die Natür...

In Hinsicht auf das Geschlechtsverhältnis ist kein Welt-teil so unmoralisch wie Europa in Folge der widernatürlichen Monogamie.

... und wider die Vernunft

Es ist vernünftigerweise nicht abzusehn, warum ein Mann, dessen Frau an einer chronischen Krankheit leidet, oder unfruchtbar bleibt, oder allmählich zu alt für ihn geworden ist, nicht eine zweite dazu nehmen sollte.

Sie schafft Ungleichgewicht

In der Monogamie hat der Mann auf ein Mal zu viel und auf die Dauer zu wenig; und das Weib umgekehrt.

Trügerisches Naturverhältnis

Indem die Natur die Zahl der Weiber der der Männer nur knapp gleich machte und dennoch den Weibern eine nur halb so lange Zeit hindurch die Fähigkeit zur Zeugung und Tauglichkeit für den Genuß des Mannes verlieh, hat sie das menschliche Geschlechtsverhältnis schon in der Anlage derangiert. Durch die gleiche Zahl scheint sie auf Monogamie zu deuten: hingegen hat ein Mann an *einem* Weibe nur für die halbe Zeit seiner Zeugungsfähigkeit Befriedigung: er müßte also eine zweite nehmen, wenn die erste verblüht ist: aber es ist für jeden nur eine gerechnet worden. Was dem Weibe an Dauer der Geschlechtstauglichkeit abgeht, hat es wieder an Maß derselben voraus: es ist fähig zwei bis drei tüchtige Männer zur gleichen Zeit zu befriedigen, ohne zu leiden. In der Monogamie benutzt es nur die Hälfte seiner Fähigkeit und befriedigt nur die Hälfte seiner Wünsche.

Polygamie, natürlich!

Über *Polygamie* ist gar nicht zu *streiten*, sondern sie ist als eine überall vorhandene Tatsache zu nehmen, deren bloße *Regulierung* die Aufgabe ist. Wo gibt es denn wirkliche Monogamisten? Wir alle leben, *wenigstens* eine Zeit lang, meistens aber immer, in Polygamie. Da folglich jeder Mann viele Weiber braucht, ist nichts gerechter, als daß ihm frei stehe, ja obliege, für viele Weiber zu sorgen. Dadurch wird auch das Weib auf ihren richtigen und natürlichen Standpunkt, als subordiniertes Wesen, zurückgeführt, und die *Dame*, dies Monstrum europäischer Zivilisation und christlich-germanischer Dummheit, mit ihren lächerlichen Ansprüchen auf Respekt und Verehrung, kommt aus der Welt, und es gibt nur noch *Weiber*, aber auch keine *unglücklichen Weiber* mehr, von welchen jetzt Europa voll ist.

Sie ist für die Frauen wohltuend …

Für das weibliche Geschlecht als *ein Ganzes* betrachtet ist die Polygamie eine wirkliche Wohltat.

… und für Mormonen

Was den Mormonen so viele Konvertiten wirbt, scheint die Beseitigung der widernatürlichen Monogamie zu sein.

Ohne Polygamie …

Wenn diese Einrichtung nicht besteht, sind die Männer die Hälfte ihres Lebens Hurer und die andre Hälfte Hahnreie; und die Weiber zerfallen demgemäß in Betrogene und Betrügerinnen. Wer jung heiratet, schleppt sich nachher mit einer alten Frau: wer spät heiratet, erst venerische Krankheiten, dann Hörner.

Polygamie und Schwiegermütter

Die *Polygamie* hätte, unter vielen Vorteilen, auch den, daß der Mann nicht in so genaue Verbindung mit seinen Schwiegereltern käme, die Furcht vor welchen jetzt unzählige Ehen verhindert. Doch zehn Schwiegermütter statt einer!

XI
Die Rechte der Frauen

Rechte und Intelligenz

Als die Gesetze den Weibern gleiche Rechte mit den Männern einräumten, hätten sie ihnen auch eine männliche Vernunft verleihen sollen.

Weiber und Pfaffen

Weibern und Pfaffen soll man keine Konzessionen machen.

Das Erbrecht

Daß das von Männern, durch große und lange fortgesetzte Arbeit und Mühe schwer erworbene Eigentum nachher in die Hände der Weiber gerät, welche, in ihrer Unvernunft, es binnen kurzer Zeit durchbringen, oder sonst vergeuden, ist ein eben so großes wie häufiges Unbild, dem man durch Beschränkung des weiblichen Erbrechts vorbeugen sollte.

Mir scheint, daß die beste Einrichtung wäre, daß Weiber, sei es als Witwen, oder als Töchter, stets nur eine, ihnen auf Lebenszeit hypothekarisch gesicherte Rente erbten, nicht aber den Grundbesitz oder das Kapital; es wäre denn in Ermangelung aller männlichen Deszendenz.

Recht auf das Vermögen

Die Erwerber des Vermögens sind die Männer, nicht die Weiber: diese sind daher auch nicht zum unbedingten Besitze desselben berechtigt; wie auch zur Verwaltung desselben nicht befähigt.

Frauen und Vormundschaft

Die Weiber bedürfen stets eines Vormundes; daher sie in keinem möglichen Fall die Vormundschaft ihrer Kinder erhalten sollten.

Sogar die Hottentotten …

Bei fast allen alten und neuen Völkern der Erde, sogar bei den Hottentotten, vererbt Eigentum sich bloß auf die männliche Deszendenz: nur in Europa ist man davon abgegangen; der Adel jedoch nicht.

… und in Hindostan

In Hindostan ist kein Weib jemals unabhängig, sondern jedes steht unter der Aufsicht des Vaters, oder des Gatten, oder des Bruders, oder des Sohnes.

XII
Das älteste Gewerbe

Die Ursachen

Die häufige Notwendigkeit der späten Ehe des Mannes und die Unklugheit der Weiber sind die Quellen der Hurerei.

Opfer der Monogamie

Während daher bei den polygamischen Völkern jedes Weib Versorgung findet, ist bei den monogamischen die Zahl der verehelichten Frauen beschränkt und bleibt eine Unzahl stützloser Weiber übrig, die in den höhern Klassen als unnütze, alte Jungfern vegetieren, in den untern aber unangemessen schwerer Arbeit obliegen, oder auch Freudenmädchen werden, die ein so freuden- wie ehrloses Leben führen.

In London allein gibt es 80 000 Freudenmädchen. Was sind denn diese anderes, als bei der monogamischen Einrichtung auf das Fürchterliche zu kurz gekommene Weiber, wirkliche Menschenopfer auf dem Altare der Monogamie?

Schmerzlich, aber unvermeidlich

Freudenmädchen führen ein so freuden- und ehrloses Leben, werden unter solchen [monogamischen] Umständen aber notwendig, daher treten sie als ein öffentlich anerkannter Stand auf, mit dem speziellem Zweck, jene vom Schicksal begünstigten Weiber, welche Männer gefunden haben, oder solche hoffen dürfen, vor Verführung zu bewahren.

XIII
Frauen, Bildung und Kunst

Frauen und Künste

Mit mehr Fug könnte man das weibliche Geschlecht das *unästhetische* nennen. Weder für Musik, noch Poesie, noch bildende Künste haben sie wirklich und wahrhaftig Sinn und Empfänglichkeit; sondern bloße Äfferei, zum Behuf ihrer Gefallsucht, ist es, wenn sie solche affektieren und vorgeben.

Im Theater

Wenn wirklich die Griechen die Weiber nicht ins Schauspiel gelassen haben, so taten sie demnach recht daran; wenigstens wird man in ihren Theatern doch etwas haben hören können. Für unsere Zeit würde es passend sein, dem *taceat mulier in ecclesia* [die Frau soll in der Versammlung schweigen] ein *taceat mulier in theatro* [die Frau soll im Theater schweigen] hinzuzufügen, oder zu substituieren, und solches mit großen Lettern etwa auf den Theatervorhang zu setzen.

Ehestand, Dichtung und Philosophie

Das gewöhnliche Ziel der sogenannten Karriere junger Männer ist doch nur, daß sie das Lasttier eines Weibes werden. Neben den Besseren unter ihnen geht die Frau in der Regel wie eine Jugendsünde. Die freie Muße, welche sie ihren Weibern zu erarbeiten den Tag hinbringen, braucht der Philosoph selbst. Der Verheiratete trägt die volle Last des Lebens, der Unverheiratete nur die halbe: wer sich den Musen weiht, muß zu der letzteren Klasse gehören. Daher wird man finden, daß fast alle echten Philosophen ledig geblieben sind; so Cartesius, Leibniz, Malebranche, Spinoza und Kant. Die Alten kann man nicht rechnen, da bei ihnen die Weiber eine untergeordnete Stellung eingenommen haben; übrigens ist des Sokrates Leiden bekannt und Aristoteles ist ein Hofmann gewesen. Die großen Dichter dagegen sind alle verheiratet gewesen und zwar alle unglücklich. Shakespeare hat sogar doppelte Hörner getragen. Ehemänner sind meistens umgekehrte Papagenos: denn wie diesem sich, mit bewundernswerter Schnelligkeit, eine Alte in eine Junge verwandelt, so ihnen mit bewundernswerter Schnelligkeit eine Junge in eine Alte.

Unter Philosophen und Dichtern sind die *verheirateten* schon als *solche* verdächtig, *ihre* Sache zu suchen, nicht das Heil der Wissenschaft und Kunst.

Genie und Schönheit

Das Genie der Männer dauert so lange wie die Schönheit der Weiber, nämlich fünfzehn Jahre: vom zwanzigsten bis höchstens zum fünfunddreißigsten. Weiber können eigentlich kein Genie haben; höchstens Talent.

Die Frauen und ihre Leistungen in der Kunst

Die eminentesten Köpfe des ganzen weiblichen Geschlechts haben es nie zu einer einzigen wirklich großen, echten und originellen Leistung in den schönen Künsten bringen, überhaupt nie irgend ein Werk von bleibendem Wert in die Welt setzen können. [...] Einzelne und teilweise Ausnahmen ändern die Sache nicht.

Die Romantik

Die Romantik ist ein Produkt des *Christentums*: Überschwengliche Religiosität, phantastische Weiberverehrung und ritterliche Tapferkeit, also Gott, die Dame und der Degen, – das sind die Kennzeichen des Romantischen.

Man kann Intelligenz nicht aufpfropfen

Inzwischen geschieht es, daß Mütter ihre Töchter schöne Künste, Sprachen und dergleichen erlernen lassen, um sie für Männer anziehend zu machen; wobei sie dem Intellekt durch künstliche Mittel nachhelfen wollen, eben wie vorkommenden Falls den Hüften und Busen.

XIV
Frauen und Gesellschaft

Weibliche Solidarität

Zwischen Männern ist von Natur bloß Gleichgültigkeit; aber zwischen Weibern ist schon von Natur Feindschaft. [...] Schon beim Begegnen auf der Straße sehen sie einander an wie Guelfen und Ghibellinen.

Die soziale Stellung der Frau

Eine falsche Stellung des weiblichen Geschlechts, wie eine solche an unserm Damenwesen ihr grellstes Symptom hat, [ist] ein Grundgebrechen des geselligen Zustandes, welches, vom Herzen desselben aus, auf alle Teile seinen nachteiligen Einfluß erstrecken muß.

Rangunterschiede – bei Männern und Frauen

Während der Mann, selbst zu dem tief unter ihm Stehenden, doch in der Regel immer noch mit einer gewissen Rücksicht und Humanität redet, ist es unleidlich anzusehn, wie stolz und schnöde meistenteils ein vornehmes Weib sich gegen ein niederes (nicht in seinem Dienste stehendes) gebärdet, wann es mit ihm spricht. Es mag daher kommen, daß bei den Weibern aller Unterschied des Ranges viel prekärer ist als bei uns, und viel schneller sich ändert und aufheben kann; weil, während bei uns hundert Dinge auf die Waagschale kommen, bei ihnen nur Eines entscheidet, nämlich welchem Manne sie gefallen haben.

Frauen und Meineid

Des gerichtlichen Meineides machen Weiber sich viel öfter schuldig als Männer. Es ließe sich überhaupt in Frage stellen, ob sie zum Eide zuzulassen sind.

Frauen und Gerechtigkeit

Die Weiber, als welche, wegen der Schwäche ihrer Vernunft, allgemeine *Grundsätze* zu verstehen, festzuhalten und zur Richtschnur zu nehmen, weit weniger als die Männer fähig sind, stehen in der Tugend der Gerechtigkeit, also auch der Redlichkeit und Gewissenhaftigkeit, diesen in der Regel nach; daher Ungerechtigkeit und Falschheit ihre häufigsten Laster sind und Lügen ihr eigentliches Element. [...] Der Gedanke, Weiber das Richteramt verwalten zu sehen, erregt Lachen.

Im Punkte der Gerechtigkeit, Redlichkeit und Gewissenhaftigkeit stehen die Weiber den Männern nach. Denn in Folge ihrer schwachen Vernunft übt das Gegenwärtige, Anschauliche, unmittelbar Reale eine Gewalt über sie aus, gegen welche die abstrakten Gedanken, die stehenden Maximen, die festgefaßten Entschlüsse, überhaupt die Rücksicht auf Vergangenheit und Zukunft, auf Abwesendes und Entferntes, selten viel vermögen.

Frauen und Verfall

Die Weiber haben am meisten dazu beigetragen, die moderne Welt mit der Lepra anzustecken, die sie verzehrt.

Die Weiber sind und bleiben, im Ganzen genommen, die gründlichsten und unheilbarsten Philister: deshalb sind sie bei der höchst absurden Einrichtung, daß sie Stand und Titel des Mannes teilen, die beständigen Ansporner seines *unedlen* Ehrgeizes; und ferner ist, wegen derselben Eigenschaft, ihr Vorherrschen und Tonangeben der Verderb der modernen Gesellschaft.

Frauen und Politik

Sollte nicht in Frankreich der seit Ludwig XIII. immer wachsende Einfluß der Weiber schuld sein an der allmählichen Verderbnis des Hofes und der Regierung, welche die erste Revolution herbeiführte, deren Folge alle nachherigen Umwälzungen gewesen sind?

Aristoteles' Weisheit

Aristoteles setzt in der *Politik* (Buch II, Kap. 9) auseinander, welche großen Nachteile den Spartanern daraus erwachsen sind, daß bei ihnen den Weibern zu viel eingeräumt war, indem sie Erbschaft, Mitgift und große Ungebundenheit hatten, und wie dieses zum Verfall Spartas viel beigetragen hat.

XV
Damen und Ritterwesen

Die «Dame»

Das Weib im Okzident, namentlich was man die «Dame» nennt, befindet sich in einer *fausse position*: denn das Weib, von den Alten mit Recht *sexus sequior* genannt, ist keineswegs geeignet, der Gegenstand unserer Ehrfurcht und Veneration zu sein, den Kopf höher zu tragen als der Mann, und mit ihm gleiche Rechte zu haben. Die Folgen dieser *fausse position* sehn wir genügsam. Es wäre sonach sehr wünschenswert, daß auch in Europa dieser Nr. 2 des menschlichen Geschlechts ihre naturgemäße Stelle wieder angewiesen und dem Damenunwesen, über welches nicht nur ganz Asien lacht, sondern Griechenland und Rom eben so gelacht hätten, ein Ziel gesetzt würde: wovon die Folgen, in gesellschaftlicher, bürgerlicher und politischer Hinsicht, unberechenbar wohltätig sein würden. [...] Die eigentliche europäische «Dame» ist ein Wesen, welches gar nicht existieren sollte; sondern Hausfrauen sollte es geben und

Mädchen, die es zu werden hoffen, und daher nicht zur Arroganz, sondern zur Häuslichkeit und Unterwürfigkeit erzogen werden.

Das Ritterwesen

Als Form der Geselligkeit das aus Roheit und Geckerei zusammengeflickte Ritterwesen, mit seinen pedantisch ausgebildeten und in ein System gebrachten Fratzen und Flausen, mit degradierendem Aberglauben und affenwürdiger Weiberveneration, von der ein noch vorhandener Rest, die Galanterie, mit wohlverdienter Weiberarroganz bezahlt wird und allen Asiaten dauernden Stoff zu einem Lachen gibt, in welchem die Griechen miteingestimmt haben würden. Im goldenen Mittelalter freilich ging das Ding bis zum förmlichen und methodischen Frauendienst, mit auferlegten Heldentaten, *cours d'amour*, schwülstigem Troubadoursgesang u. s. w.; wiewohl zu bemerken ist, daß diese letzteren Possen, die denn doch eine intellektuelle Seite haben, hauptsächlich in Frankreich zu Hause waren; während bei den materiellen und stumpfen Deutschen die Ritter mehr im Saufen und Rauben sich hervortaten: Humpen und Raubschlösser waren ihre Sachen; an den Höfen freilich fehlte es auch nicht an einiger faden Minnesängerei.

XVI
Was noch zu wissen ist

Welche Männer sie lieber haben

Für die Propagation des Menschengeschlechts zu sorgen, sind von Natur die jungen, starken und schönen Männer berufen; damit das Geschlecht nicht ausarte. Dies ist hierin der feste Wille der Natur, und dessen Ausdruck sind die Leidenschaften der Weiber. Jenes Gesetz geht, an Alter und Kraft, jedem andern vor. Daher wehe dem, der seine Rechte und Interessen so stellt, daß sie demselben im Wege stehn: sie werden, was er auch sage und tue, beim ersten bedeutenden Anlaß, unbarmherzig zermalmt werden. Denn die geheime, unausgesprochene, ja, unbewußte, aber angeborene Moral der Weiber ist: «Wir sind berechtigt, die zu hintergehn, welche dadurch, daß sie für uns, das Individuum, spärlich sorgen, ein Recht über die Spezies erlangt zu haben vermeinen. Die Beschaffenheit und folglich das Wohl der Spezies ist, mittelst der nächsten, von uns ausgehenden Generation, in unsere Hände gelegt und unserer Sorgfalt anvertraut: wir wollen es gewissenhaft verwalten.» Aber keineswegs sind die Weiber sich dieses obersten Grundsatzes *in abstracto*, sondern bloß *in concreto* bewußt, und haben für denselben keinen andern Ausdruck als, wenn die Gelegenheit kommt, ihre Handlungsweise; bei welcher das Gewissen ihnen meistens mehr Ruhe läßt, als wir vermuten, indem sie, im dunkelsten Grunde ihres Herzens, sich bewußt sind, in der Verletzung ihrer Pflicht gegen das Individuum die gegen die Spezies um so besser erfüllt zu haben, deren Recht unendlich größer ist.

Die Weiber geben dem Alter von dreißig bis fünfunddreißig Jahren den Vorzug, namentlich auch vor dem der Jünglinge, die doch eigentlich die höchste menschliche Schönheit darbieten. Der Grund ist, daß sie nicht vom Geschmack, sondern vom Instinkt geleitet werden, welcher im besagten Alter die Akme der Zeugungskraft erkennt. Überhaupt sehen sie wenig auf Schönheit, namentlich des Gesichts: es ist, als ob sie diese dem Kinde zu geben allein auf sich nähmen.

Intelligenz hilft nicht, im Gegenteil

Unverstand schadet bei Weibern nicht: eher noch könnte überwiegende Geisteskraft, oder gar Genie, als eine Abnormität, ungünstig wirken. Daher sieht man oft einen häßlichen, dummen und rohen Menschen einen wohlgebildeten, geistreichen und liebenswürdigen Mann bei Weibern ausstechen.

Andre Länder, andre Sitten

In vielen Ländern, auch im südlichen Deutschland, herrscht die schlimme Sitte, daß Weiber Lasten, und oft sehr beträchtliche, auf dem Kopfe tragen. Dies muß nachteilig auf das Gehirn wirken; wodurch dasselbe, beim weiblichen Geschlecht im Volke, allmählich deterioriert, und da von ihm das männliche das seinige empfängt, das ganze Volk immer dümmer wird; welches bei vielen gar nicht nötig ist.

Es lebe der Orient!

Ihr solltet dem Orient nachtrauern! Wenn der Mann seinen Frauen Unterkunft und Verpflegung gewährleisten konnte, brauchte er sich um sie nicht weiter zu kümmern; er konnte kämpfen, mit Waffen üben, den Weisen zuhören; er war gegen die Erniedrigung gefeit, die einen tapferen Mann einer Gans völlig unterwirft; schließlich war er frei, da mehrere Frauen ihn vor der einzigen Liebe schützten.

Innerhalb der Grenzen der Vernunft

Es ist nicht möglich, die Weiber in den Schranken der Vernunft zu halten anders als durch Furcht; in der Ehe aber ist es nötig, sie in Schranken zu halten, weil man sein Bestes mit ihnen zu teilen hat, und so verliert man am Glück der Liebe, was man an Autorität gewinnt.

Auf der Lauer sein!

Das Gedächtnis ist ein kapriziöses und launisches Wesen, einem jungen Mädchen zu vergleichen: bisweilen verweigert es ganz unerwartet, was es hundert Mal geliefert hat, und bringt es dann später, wenn man nicht mehr daran denkt, ganz von selbst entgegen.

Nicht dem Vorbild Petrarcas folgen …

Nicht einen, sondern schon manchen Petrarca hat es gegeben, der unerfüllten Liebesdrang wie eine Fessel, wie einen Eisenblock am Fuß sein Leben hindurch schleppen mußte und in einsamen Wäldern seine Seufzer aushauchte.

... und auch nicht demjenigen Kants

Wenn mir jetzt [...] zur Aufheiterung ein scherzhaftes, ja, frivoles Gleichnis gestattet sein sollte, so würde ich Kant, in jener Selbstmystifikation, mit einem Manne vergleichen, der, auf einem Maskenball, den ganzen Abend mit einer maskierten Schönen buhlt, im Wahn, eine Eroberung zu machen; bis sie am Ende sich entlarvt und zu erkennen gibt – als seine Frau.

Geburtenkontrolle

Könnte man alle Schurken kastrieren und alle dummen Gänse ins Kloster stecken, den Leuten von edelem Charakter ein ganzes Harem beigeben, und allen Mädchen von Geist und Verstand Männer, und zwar ganze Männer, verschaffen, so würde bald eine Generation erstehen, die ein mehr als Perikleisches Zeitalter darstellte.

Annäherungsversuche

Uns sich antragen, wird kein Weib (entschiedne Huren ausgenommen): denn selbst bei aller Schönheit riskiert sie einen *refus*, weil Krankheit, Gram, Geschäfte, Grillen oft den Männern alle Lust nehmen, und ein *refus* wäre ein Todesstoß für ihre Eitelkeit: hingegen sobald man den ersten Schritt getan und dadurch sie über die Gefahr beruhigt hat, steht man erst auf dem gleichen Fuß mit ihnen und wird sie dann meistens ganz trätabel finden.

Vanitas vanitatum

Die Gunst eines sehr schönen Weibes durch seine Persönlichkeit allein zu gewinnen, ist vielleicht ein noch größrer Genuß für die Eitelkeit als für die Sinnlichkeit, indem man die Gewißheit erhält, daß die eigne Persönlichkeit ein Äquivalent für jene über alle andern geschätzte bewunderte, vergötterte Person sei. Darum auch ist verschmähte Liebe so schmerzlich, besonders wenn mit gegründeter Eifersucht vereint.

XVII
Lob der Frauen

Das wahre *Lob der Weiber* sprechen viel besser als Schillers affektiertes, pretiöses, verblasenes Gedicht «Würde der Frauen» diese wenigen Worte Jouys aus: «Sans les femmes, le commencement de notre vie serait privé de secours, le milieu de plaisirs, et la fin de consolation» [«Ohne die Frauen würde der Anfang unseres Lebens der Hilfe, die Mitte der Freuden und das Ende des Trostes entbehren»].

Je mehr ich von den Männern sehe, desto weniger mag ich sie leiden. Wenn ich bloß das gleiche auch von den Frauen sagen könnte, wäre alles gut.

Anmerkungen zur Einleitung

1 Vgl. hierzu Reinhard Brandt, *Philosophie in Bildern,* Köln: DuMont 2000, S. 201–216.

2 *Anthropologie in pragmatischer Hinsicht* (1798), in: *Kants gesammelte Schriften,* hg. v. der Königlich Preußischen Akademie der Wissenschaften, Bd. VII, Berlin: Reimer 1907, S. 303–311.

3 Über Schopenhauer und die Frauen fehlt noch eine einschlägige Untersuchung, die mit denjenigen über Nietzsche vergleichbar ist: Carol Diethe, *Nietzsche's Women: Beyond the Whip*, Berlin/New York: de Gruyter 1996 (dt. *Vergiss die Peitsche. Nietzsche und die Frauen,* Hamburg/Wien: Europa Verlag, 2000). Mario Leis, *Frauen um Nietzsche*, Reinbek: Rowohlt 2000.

4 Vgl. Anke Gilleir, *Johanna Schopenhauer und die Weimarer Klassik*, Hildesheim: Olms 2000.

5 Siehe *Die Schopenhauers. Der Familien-Briefwechsel von Adele, Arthur, Heinrich Floris und Johanna Schopenhauer*, hg. v. Ludger Lütkehaus, Zürich: Haffmans 1991. Siehe auch Adele Schopenhauer, *Tagebuch einer Einsamen*, hg. v. Heinrich Hubert Houben, München: Mattes & Seitz 1985.

6 A. Schopenhauer, *Gespräche,* hg. v. Arthur Hübscher, Stuttgart/Bad Cannstadt: Frommann-Holzboog 1971, S. 152.

7 A. Schopenhauer, *Gespräche*, S. 17.

8 Siehe den Brief Schopenhauers an Julius Fraunstädt vom 2. Januar 1852, in: *Gesammelte Briefe*, hg. v. A. Hübscher, Bonn: Bouvier 1978, S. 272–273.

9 Siehe dazu die ausführliche Rekonstruktion von A. Verrecchia, «Schopenhauer e la vispa Teresa», in: *Schopenhauer-Jahrbuch*, Bd. 56 (1975), S. 187–198.

10 A. Schopenhauer, *Gespräche*, S. 220.

11 A. Schopenhauer, *Der handschriftliche Nachlaß*, hg. v. A. Hübscher, 6 Bde., Bd. II, Frankfurt a. M.: Kramer 1966–1975, S. 162.
12 A. Schopenhauer, *Gespräche*, S. 152.
13 A. Schopenhauer, *Parerga und Paralipomena*, Bd. II, in: *Sämtliche Werke*, Bd. VI, hg. v. A. Hübscher, Wiesbaden: Brockhaus ^{3}1972, S. 659.
14 A. Schopenhauer, *Gespräche*, S. 59.
15 A. Schopenhauer, *Gespräche*, S. 225.
16 A. Schopenhauer, *Gespräche*, S. 376 f. Über die «Bekehrung» des alten Schopenhauer verweise ich auf den halbernsten Text, den ich zusammen mit Wolfgang Welsch für die 200-Jahr-Feier der Geburt des Philosophen verfaßt habe: «Schopenhauers schwere Stunde», in: *Schopenhauer im Denken der Gegenwart*, hg. v. Volker Spierling, München/Zürich: Piper 1987, S. 290–298.
17 Vgl. *Die Kunst, Recht zu behalten*, Frankfurt a. M.: Insel 1995; *Die Kunst, glücklich zu sein*, München: Beck 1999; *Die Kunst zu beleidigen*, München: Beck 2002.

Benutzte Schopenhauer-Ausgaben

Sämtliche Werke, hg. von Paul Deussen, 13 Bde., München: Piper 1911–1942.

Sämtliche Werke, hg. von Arthur Hübscher, 7 Bde., 3. Aufl., Wiesbaden: Brockhaus 1972; 4. Aufl. durchgesehen von Angelika Hübscher, Mannheim: Brockhaus 1988.

Werke in fünf Bänden, hg. von Ludger Lütkehaus, Zürich: Haffmans 1988.

Der handschriftliche Nachlaß, hg. von Arthur Hübscher, 6 Bde., Frankfurt a. M.: Kramer 1966–1975; Nachdruck München: Deutscher Taschenbuch Verlag 1985.

Die Kunst, Recht zu behalten, hg. von Franco Volpi, Frankfurt a. M.: Insel 1995.

Die Kunst, glücklich zu sein, hg. von Franco Volpi, München: Beck 1999.

Die Kunst zu beleidigen, hg. von Franco Volpi, München: Beck 2002.

Gesammelte Briefe, hg. von Arthur Hübscher, Bonn: Bouvier 1978.

Ein Lebensbild in Briefen, hg. von Angelika Hübscher, Frankfurt a. M.: Insel 1987.

Philosophie in Briefen, hg. von Angelika Hübscher und Michael Fleiter, Frankfurt a. M.: Insel 1989.

Die Schopenhauers. Der Familien-Briefwechsel von Adele, Arthur, Heinrich Floris und Johanna Schopenhauer, hg. von Ludger Lütkehaus, Zürich: Haffmans 1991.

Das Buch als Wille und Vorstellung. Arthur Schopenhauers Briefwechsel mit Friedrich Arnold Brockhaus, hg. von Ludger Lütkehaus, München: Beck 1996.

Die Reisetagebücher, mit einem Nachwort von Ludger Lütkehaus, Zürich: Haffmans 1988.
Gespräche, hg. von Arthur Hübscher, Stuttgart/Bad Cannstatt: Frommann-Holzboog 1971.